MES JOURNÉES DE JUILLET 1830

PAR

Edmond Marc

OFFICIER DE LA CHAMBRE DU ROI CHARLES X

JOURNAL INÉDIT

PUBLIÉ AVEC UNE INTRODUCTION ET DES NOTES PAR

GEOFFROY DE GRANDMAISON

3e mille

ÉDITIONS DE LA VRAIE FRANCE

92, RUE BONAPARTE — PARIS (VIe)

EDITIONS DE LA VRAIE FRANCE

EXTRAIT DE LA LISTE DES VOLUMES PARUS

Série A. — La Guerre des Femmes, par Antoine REDIER *(61e mille)* Prix Jules Davaine, de l'Académie Française. — Paysages romanesques des Alpes, par Henry BORDEAUX, de l'Académie Française. — Le Vitrail de Sainte Geneviève, par PIERRE-GAUTHIEZ. Gravures sur bois de Paul Baudier. — L'Apôtre du Congo, Mgr. Augouard, par G. G. BESLIER. Avant-propos de *S. G. Mgr. le Roy*. Couronné par l'Académie Française. — En Armagnac il y a cent ans, par Fernand LAUDET, de l'Institut. — Il était une fois un gosse, par Paul WENZ. — L'héroïque misère de Miguel de Cervantès, esclave barbaresque, par Martial DOUEL. — Mes Journées de Juillet 1830, par Edmond MARC.

Série B. — La Révolte des Morts, par François DUHOURCAU. Prix Furtado, de l'Académie Française. — La Terre Veuve, par Gaston MERCIER. Couronné par l'Académie Française. — Les Fumées de l'Encens, par Louis DE LAUNAY, de l'Institut. — L'Enfant de la Victoire, par François DUHOURCAU. Grand Prix du Roman (Académie Française 1926). — La Montée do Jean Girou, par Serge BARRANX, Prix de la Littérature Régionaliste 1929. — La Nymphe en Danger, par Francisque PARN, Prix de l'Académie Française. — Le Roman de l'Alsace, par Raymond POSTAL. Préface de *Louis Bertrand*, de l'Académie Française. — La Cigale et la Fourmi, par Georges BEAUME. — Elodie ou les Tendresses d'Avignon (1850), par Edouard MÉRA. — Cembanillo, par la Comtesse de Baillehache. — Elise et Antoinette ou Les Retours de la Fortune, par Alice de Payer. — La Nécropole d'or, par Anda CANTEGRIVE, Préface de *Camille Jullian*, de l'Académie Française. — Le Clos Varin, par Frédéric PLESSIS.

Série C. — A la Gloire de la Terre, par Gabriel MAURIERE, Prix Floréal. — L'Ombre Mutilée, par Pierre de CROIDYS, Prix de l'Académie Française. — La Femme et l'Image, par E.-F. VELLETAZ. Couronné par l'Académie Française. — Le Fiel du Calice, par A. CHOLLIER et H. LESBROS Préface de *Henry Bordeaux*, de l'Académie Française. — Le Don Suprême, par Paul SERRES. Préface de *Emile Baumann*. — La Mariée Noire, par Jean MOURA, Prix Minerva. — C'est la Vie, par Jacques MORIAN. — Oublie ce que tu sais, par le Dr Marthe BERTHEAUME. — La Servante sans gages, par Jean YOLE. — Jep le Catalan, par Jean CAMP. Prix du Cercle Littéraire Français. — Les Sources ardentes, par Lya BERGER, Préface de *André Pellessort*. Prix de littérature spiritualiste 1929. — Dieu nous voit, par Maurice d'HARTOY, Préface de *Henri Lavedan*, de l'Académie Française. — La Montagne en Prière, par Marie MISSIR et Jean MAUCLÈRE. — La Tragédie du Sud, par Edouard de KEYSER. — Têtus Pallade le Muletier, par Charles BADIN. Préface de *Louis Bertrand*, de l'Académie Française. Prix Montyon de l'Académie Française. — Les Portes du Monde, par Lucien GENNARI. — Aurora ou le Rancho de l'ombu, par Lise de MAUREILHAC, Préface de *Juan Pablo Ecbagüe*. — Ra-Taü, ou le Père aux Lions, par G. A. CASALIS de PURY. — L'âge mystique, par le Dr Marthe BERTHEAUME. — La Terre Écartelée, par Pierre JALABERT. — Le Village sans cloches, par Charles BADIN. — Font-Colombes, par Claire et Charles GÉNIAUX.

Tous ces ouvrages peuvent être fournis
sous un élégant cartonnage ayant l'aspect général des volumes des E. V. F.

Voir, page IV la "Note de l'Editeur" donnant les caractéristiques des séries

BUFFET ET LECLERC, 72, RUE DU CHATEAU-D'EAU PARIS. 1930

Il a été tiré de cet ouvrage :
22 exemplaires sur vélin pur fil Lafuma
numérotés de I à XXII.

★

LES ÉDITIONS
DE LA VRAIE FRANCE

Il est dans la nature des choses que les époques les plus troublées produisent précisément les œuvres les plus contraires à leurs véritables besoins. Les causes de désordre et de faiblesse se trouvent ainsi renforcées et aggravées par les effets mêmes qu'elles ont produits. C'est un cercle où une génération tournerait sans espoir d'en sortir, si elle ne puisait dans son intelligence et sa volonté non seulement le désir de réagir, mais aussi la force et les moyens. Nul ne contestera que, plus que toute autre époque, celle où nous vivons exige un art capable d'affermir les caractères, d'inspirer des pensées droites, de développer le goût de la vie et de l'action.

Nombreux sont les lecteurs qui, plus ou moins nettement, éprouvent ce besoin et cherchent dans les romans d'aujourd'hui, avec une étude des sentiments, des idées, des mœurs et des préoccupations de notre temps, quelque chose de l'esprit réalisateur dont il a besoin. Plus ou moins consciemment aussi, ces mêmes lecteurs attendent et souhaitent une littérature qui tienne sa place parmi les grandes forces de réparation et de reconstruction.

Découvrir de telles œuvres, leur faciliter l'accès auprès de lecteurs qui les attendent et sont donc tout prêts à les accueillir, les mettre en valeur dans des conditions qui leur permettent de se frayer, appuyées l'une sur l'autre, un chemin à travers la masse de la production contemporaine : telle est la tâche que se proposaient les « ÉDITIONS DE LA VRAIE FRANCE » et qu'elles ont réussi déjà, dans une large mesure, à réaliser.

Nous estimons qu'il importe surtout d'ouvrir devant l'œuvre littéraire un champ plus vaste que le domaine étroit de la sensualité et du sentimentalisme morbide où l'enferme trop souvent le roman contemporain. Qu'elle utilise donc l'ampleur de la vie et les richesses de l'âme ! Elle trouvera ainsi les meilleures chances de parler à l'imagination et au cœur de tous, et il arrivera souvent qu'une telle littérature conviendra même à la jeunesse. Mais c'est chez tous les lecteurs qu'il faut entretenir le goût des œuvres saines, vigoureuses, inspirées par le clair bon sens de notre race ou par ce qu'il y a, dans le génie des autres peuples, de plus propre à compléter, à élargir notre génie. Si, dans quelques-uns des ouvrages de cette collection — désignés, par la série dans laquelle ils sont placés, comme convenant seulement aux lecteurs dont la formation morale est achevée — une scène, un épisode, un détail paraissait trop libre, c'est qu'il serait indispensable à la clarté des intentions de l'auteur ou à son souci de l'art. Le lecteur voudra bien alors remarquer qu'il n'entre aucune complaisance licencieuse dans cette liberté nécessaire.

Le premier volume de la collection, *La Guerre des Femmes*, par Antoine REDIER, cette épopée vécue de Louise de Bettignies et de ses compagnes, apportait une preuve éclatante qu'une histoire vraie peut dépasser en romanesque et en pathétique les plus adroites fictions. Un des derniers, *L'apôtre du Congo : Mgr Augouard*, par G.-G. BESLIER, en évoquant l'œuvre du missionnaire-explorateur qui fut l'émule des Stanley et des Brazza, est à la fois vrai comme l'Histoire, passionnant comme un roman d'aventures, sublime comme une épopée. C'est aussi une histoire vraie que *Le Roman de l'Alsace*, de Raymond POSTAL, mais avec tous les caractères d'un roman puisque l'auteur nous y décrit une phase de la vie d'un peuple et nous retrace l'histoire d'un sentiment.

Dans le même cadre du récit viennent se placer encore *Le Vitrail de Sainte-Geneviève*, où Pierre GAUTHIEZ a fixé d'un dessin si pur, avec la figure de la Sainte parisienne, l'évocation de sa ville et de son temps; les *Paysages romanesques des Alpes*, un des livres les plus riches et les plus nuancés de M. Henry BORDEAUX; *Les Fumées de l'Encens*, où Louis de LAUNAY exprime l'âme des temples et des sanctuaires de divers temps et de divers pays; *En Armagnac, il y a cent ans*, de Fernand LAUDET, pittoresque et instructive évocation de la vie d'un aïeul entre 1761 et 1849. Enfin, il faut mettre à part l'ouvrage dans lequel M. Maurice LIGOT, sous le titre *Le Sens de la Vie et l'Idée de l'Ordre dans l'Œuvre d'Henry Bordeaux*, a su, grâce à des pages judicieusement choisies, concentrer toute la philosophie qui anime les fictions du romancier de la famille française.

D'eux-mêmes, ces récits qui venaient se grouper aux « Éditions de la Vraie France » s'orientaient dans trois directions différentes : la crise de la guerre, l'évocation du passé, le décor et l'âme des pays étrangers. C'est sous ces trois rubriques que se distribuent la plupart des romans de la collection.

L'APRÈS-GUERRE. — *La Révolte des Morts*, de François DU-HOUREAU, et *l'Enfant de la Victoire*, du même auteur, auquel l'Académie Française a décerné en 1925 le Grand Prix du Roman, nous retracent, le premier, dans la génération des combattants, le second, dans la génération nouvelle, la déception des vainqueurs devant une paix où ils ne reconnaissent plus le visage de la victoire. A ce thème aussi *L'Ombre mutilée*, de Pierre de CROIDYS, emprunte une grandeur symbolique. Dans son saisissant et vigoureux récit, *Le Double Sacrifice*, Émile RIPERT pose ce haut et poignant problème : la France aurait-elle dû, comme l'ont fait d'autres nations, se montrer plus économe de ses valeurs intellectuelles?

LE TEMPS ET LA VIE : ÉVOCATION DU PASSÉ. — Le goût du passé est redevenu très vif, peut-être parce que la dureté du présent pousse la fiction à se détacher de lui. Une suite de romans jalonnent cette longue route des siècles, nous offrant des aspects successifs et infiniment variés du temps et de la vie. En évoquant l'intimité des âmes et la vérité des mœurs dans le monde juif à l'époque où va paraître le Christ, *A l'Aube*, de Myriam THELEN, renouvelle l'éternelle actualité de l'Évangile. C'est le prestige inégalable de ce même passé qui donne un attrait exceptionnel au *Roman de Ponce-Pilate*, de Maurice LAURENTIN. *La Mariée Noire*, de Jean MOURA, fait revivre Bayonne au début du xiv° siècle avec ses mœurs, ses coutumes, ses couleurs et le drame éternel du véritable amour opposé à la passion brutale que rend plus sauvage encore la violence de l'époque. *Elise et Antoinette*, d'Alice de PAYER, nous retrace la vie et les aventures de deux jeunes femmes de l'aristocratie aux derniers jours de l'Ancien Régime et au temps de la Révolution. *Elodie ou les Tendresses d'Avignon*, d'Édouard MÉRA, évoque, dans le décor de la cité des papes, la vie de province au début du Second Empire, avec tout le charme et l'agrément qu'elle avait alors.

LE MIROIR DU MONDE : LES PAYS ET LES AMES. — Plus encore que dans le temps, notre curiosité s'étend aujourd'hui, si l'on peut dire, dans l'espace, et le roman tend à devenir, plus encore que le miroir du passé, le miroir du monde. C'est une transformation et un élargissement de l'exotisme. Ainsi qu'il arrive après toutes les grandes mêlées des peuples, nous sommes certainement plus avides aujourd'hui que nous ne l'étions hier de connaître les autres pays, les âmes étrangères.

Quelques-unes des œuvres que nous avons offertes au public — *Samouel, le Ciel sans Dieu, les Portes du monde* — sont dues à des écrivains étrangers. Une œuvre étrangère, en effet, nous paraît avoir sa place marquée dans notre collection quand elle ajoute à sa qualité littéraire un intérêt, historique ou actuel, qui lui donne une valeur humaine. Arménie du IV° siècle (*Samouel*, de RAFFI); Inde (*Les Voleurs d'âmes*, de Georges DELAMARE); Thibet (*L'Homme qui ne meurt pas*, de Gabriel MAURIÈRE); Roumanie (*La Robe sans couture*, de Léon THÉVENIN); Italie (*Le Ciel sans Dieu*, de Paolo ARCARI, *Son Péché*, de M. DUGARD, *Les Portes du Monde*, de Lucien GENNERI); Sud-Algérien (*La tragédie du Sud*, d'Edouard DE KEYSER); région du Zambèze, en plein mystère de l'Afrique Centrale (*Une Hirondelle dans la jungle*, et sa délicieuse suite : *Cembanilo*, de la Comtesse de BAILLEHACHE); Lithuanie (*La Fille du Haff*, de Jean MAUCLÈRE); Valais (*La Solitaire*, de Jeanne DANNEMARIE); Athènes et le Mont Athos (*La Montagne en prière*, de Marie MISSIR et Jean MAUCLÈRE); Catalogne (*Jep, le Catalan*, de Jean CAMP); Uruguay (*Aurora ou le rancho de l'Ombu*, de Lise de MAUREILHAC); tels sont les tableaux et les décors qui évoquent devant nos yeux la diversité des âmes dans la diversité du monde.

Et il y a aussi la diversité de nos provinces, qui se reflète dans une suite de romans du terroir : Anjou (*A l'Américaine*, de Pierre GOURDON); Champagne (*A la gloire de la terre*, de Gaston MERCIER); Périgord (*L'Appel de la terre*, de MAÏTEN D'ARGUIBERT; *La Montée de Jean Girou*, de Serge BARRANX); Bourgogne (*La Nymphe en danger*, de Francisque PARN); Bretagne (*A l'ombre du clocher*, de Charles GÉNIAUX; *Cordélia*, de Saint-Cygne); Normandie (*Le Fils unique*, de Jeanne ANDÉ); Dauphiné (*Le fiel du calice*, d'Antoine CHOLLIER et Henri LESBROS); Région du Nord et du Pas-de-Calais (*Le Malfaisant*, de Jean LEUNE); Vendée (*La Servante sans gages*, de Jean YOLE); Lourdes (*Le don suprême*, de Jean LEUNE); Régions' thermales d'Auvergne (*Les Sources ardentes*, de Lya BERGER); Bas-Languedoc (*La Cigale et la Fourmi*, de Georges BEAUME); Roussillon (*Tétus Pallade, le muletier*, de Charles BADIN).

LE ROMAN PSYCHOLOGIQUE ET SOCIAL; LE ROMAN ROMANESQUE. — En insistant sur ce qui nous paraît constituer les aspects les plus nouveaux de la collection, nous ne devons pas négliger la part, encore très large, qu'elle laisse aux tendances plus traditionnelles de notre roman français.

a) **Les âmes :** L'étude psychologique de l'âme est trop conforme au goût du lecteur français pour ne pas garder toujours sa place dans notre production romanesque. On la retrouve dans *Les Liens brisés*, de Jean MAUCLÈRE, *Lucienne Landas*, d'André DAVERNE, *Les Mouvements de la Flamme*, de Louis LEFEBVRE, *La Femme et l'Image*, de E.-F. VELLETAZ, qui nous montrent la réaction des éléments les plus nobles et les plus sains de la nature humaine. *Sous les Cendres du Passé*, de Maxime des ARNEAUX, et *L'Orage sur la Maison*, d'Antony DREYER, sont au contraire des drames dont l'intrigue repose sur ces mystères de l'inconscient auxquels des théories récentes ont donné une faveur nouvelle. *Enfant des hommes*, de Pierre de CROIDYS, est l'histoire d'une enfance repliée et douloureuse qui semble vouée dès le berceau à une condamnation tragique. *L'erreur*, de René DUVERNE, pose, dans un émouvant récit, le problème de l'éducation et de l'autorité paternelles. *La ronde invisible*, d'Isabelle SANDY, exprime, sous une forme saisissante et neuve, la nécessité de rompre parfois la chaîne que font les morts et les vivants autour du cercle de la vie, de réagir pour que l'avenir puisse vaincre le passé. M. Maurice d'HARTOY, dans *Dieu nous voit*, nous montre comment les servitudes de la passion peuvent être conjurées lorsque la volonté se met au service des plus hautes aspirations. Il n'y a pas moins de spiritualité et de noblesse dans ces trois œuvres, par ailleurs si dissemblables, qu'apparente une même ferveur de générosité : *C'est la vie*, de Jacques MORIAN, *La servante sans gages*, de Jean YOLE et *Les sources ardentes*, de Lya BERGER. E.-F. VELLETAZ a réussi, avec *Sur* *un rythme de polonaise*, un roman psychologique dans lequel les événements se succédent, aussi imprévus et rapides que dans un roman d'aventures, tandis que le Bois dormant des bonheurs de V. LAME-DESPRÉS, enveloppe dans un beau conte romanesque un aspect très dramatique du problème de la destinée.

b) La vie sociale : *L'Appel de la Race*, de Pierre MAZENOD, nous montre la reprise d'une âme par les forces de la tradition et le charme du passé. Avec *La Montée de Jean Girou*, par Serge BARRANX, nous voyons comment un esprit supérieur peut s'élever brusquement dans l'ordre intellectuel et, par là, dans l'ordre social, sans rupture d'équilibre ni pour l'individu, ni pour la société. *Babette à Paris*, de Maurice MOREL, est l'histoire d'une de ces filles des champs qu'attire la grande ville, alors que *Fanchette*, de Camille AYMÉ, évoque une idylle tragique dans la réalité de la vie des champs et la poésie de la nature. Marthe BERTHEAUME, élargissant, dans *Sportive*, la question d'actualité : « Doit-on encourager le sport féminin? » oppose les deux personnages qui symbolisent le conflit entre le culte païen de la beauté et la foi religieuse. C'est un autre conflit encore que retrace le même auteur dans *Oublie ce que tu sais*, où elle nous montre une femme médecin partagée entre ses sentiments de mère et le secret professionnel. *Grand'mère Guillaume*, de Henri GUERLIN, avec un récit charmant de grâce et de simplicité, ouvre des perspectives sur la nature de l'art et les rapports de l'art avec la vie. *Au Seuil du Festin*, de Pierre COURTOIS, retrace une vie de jeune homme depuis l'adolescence jusqu'à la pleine maturité, dans la génération du Boulangisme. Mme Jeanne LANDRE nous montre, dans *Mlle de Rivière, institutrice*, le cœur d'une jeune fille délicate, sensible et raisonnable, étreint par la dureté des temps.

c) Le romanesque : Le roman romanesque répond à un besoin naturel de l'imagination, qui veut parfois courir des aventures. Elle se plaira à des récits comme *La Danse devant le Veau d'or*, de Thérèse DOBSAN, *Les Voleurs d'âmes*, de George DELAMARE, cette extraordinaire histoire de fakirs, et *L'Homm qui ne meurt pas*, ce conte fantaisiste de Gabriel MAURIÈRE, qui se rattache à ce que le célèbre romancier Wells appelle des « anticipations ».

FIRMIN ROZ

NOTE DE L'ÉDITEUR

Conformément au programme qui vient d'être développé, nous nous sommes imposé ne publier que des livres moralement sains.

Toutefois, la haute personnalité littéraire de la plupart de nos auteurs nous oblige souvent à leur laisser le choix des « effets d'art » par lesquels ils arrivent à produire une impression finalement salutaire, et certains de ces « effets » sont susceptibles de surprendre des intelligences en voie de formation.

Aussi, pour répondre au vœu de beaucoup de nos amis désireux de mettre nos livres sous les yeux de jeunes lecteurs dont ils assument la direction morale, avons-nous été amenés à répartir en trois séries les volumes parus et à paraître. Mais nous ne voulons pas le faire sans avoir encore une fois attiré l'attention des éducateurs sur le fait que notre classification ne s'applique qu'aux jeunes gens de *formation intellectuelle normale*.

La SÉRIE A convient à toutes les catégories de lecteurs depuis les tout jeunes gens et jeunes filles, et les livres qu'elle renferme peuvent être mis entre leurs mains sans examen préalable.

Les livres de la SÉRIE B peuvent être lus par les jeunes gens à partir de 16, 17 ou 18 ans. Toutefois, il est bon que les parents ou éducateurs les parcourent, afin de se rendre compte s'ils conviennent à *chacun* de ceux dont ils ont la charge.

Enfin, la SÉRIE C est destinée aux lecteurs dont la formation morale est achevée.

Mes journées de juillet 1830

Edmond Marc

OFFICIER DE LA CHAMBRE DU ROI CHARLES X

MES JOURNÉES DE JUILLET 1830

JOURNAL INÉDIT

PUBLIÉ AVEC UNE INTRODUCTION ET DES NOTES PAR

GEOFFROY DE GRANDMAISON

PARIS (VI°)
ÉDITIONS DE LA VRAIE FRANCE
92, RUE BONAPARTE, 92
1930

AVANT-PROPOS

Dans le tiroir d'un secrétaire de famille, j'ai trouvé un cahier qui y reposait depuis bien longtemps. Manuscrit dont l'écriture, facile à reconnaître, appartient à un de nos grands oncles de qui nous avons connu l'alerte vieillesse, la bonne grâce aimable, la fraîcheur des souvenirs et qui, il y a quarante ans, est mort octogénaire, entouré de l'affection de ses enfants, de l'estime de ses amis, du respect de tous. Il n'habitait plus le château de Nagel, où j'ai fait ma découverte et où les siens résident encore, mais il aimait à y revenir, et il y avait passé d'heureux jours pendant les longues années de sa jeunesse et de son âge mûr ; sa mémoire y demeure précieusement conservée.

Ces feuillets offrent un autre intérêt qu'un attrait domestique. Ils se présentent comme un document historique et le témoignage vécu d'un spectateur des événements qu'il raconte, acteur dans la tragédie dont il relate les épisodes. Ces pages oubliées au fond d'un vieux meuble peuvent revivre pour notre plaisir et notre instruction. L'actualité même ajoute à son tour son attrait, puisque 1930 amène le centenaire de 1830 et qu'il s'agit d'un récit de la révolution qui renversa Charles X.

Celui qui tient la plume, Edmond Marc, était officier de la Chambre du Roi et de service à Saint-Cloud pendant la dernière semaine de la Monarchie et il a retracé, d'une mémoire encore fraîche, les tableaux de ces cinq journées mémorables de juillet. Sa fidélité marque la loyauté, la sincérité de ses convictions, l'émotion, la vivacité de ses sentiments. Par là il nous touche et nous entraîne.

Si vis me flere, dolendum est

Primum ipsi tibi.

Son existence a été très simple, très unie et très digne :

Il naquit à Rouen, le 13 avril 1804, dans une bonne race normande où la dignité de la vie s'appuyait sur la foi religieuse et le dévouement à la monarchie ; famille de magistrature où l'on se transmettait aussi, de père en fils, un office de notaire royal — l'un contrôleur à l'hôtel des Monnaies de la Province, cet autre secrétaire du procureur général du Parlement de Normandie, — le père de notre narrateur lui-même juge au tribunal civil de Rouen sous l'Empire.

Pendant la tourmente révolutionnaire, ces honnêtes gens donnèrent des exemples de fidélité et de courage, en recueillant dans une de leurs maisons des prêtres menacés de prison pour avoir refusé le serment schismatique ; et, au péril de leur vie, la messe se disait en secret sur un autel habilement caché aux perquisitions, conservé aujourd'hui encore dans la chapelle de Nagel, où il a été apporté.

La mère d'Edmond Marc (Céleste Victoire Maillard) mourut assez jeune, dès 1805, mais ses deux orphelins (Amédée et Edmond) trouvèrent une seconde mère dans la seconde femme de leur père (Suzanne Julie David) à qui ils vouèrent une affection qui ne se démentit jamais. Elle leur portait une tendresse égale à celle dont ses deux propres

*filles (1) étaient l'objet. Devenue veuve à son
tour, en 1812, elle veilla, en femme intelligente
et pieuse, à l'éducation de ses quatre enfants.
L'aîné, licencié promptement magistrat, était à
Mantes, substitut du procureur du Roi en 1830,
et donna sa démission à la révolution avant
que sa fidélité légitimiste le fît révoquer (2).
Le second, Edmond, son droit terminé,
avec une culture littéraire classique appro-
fondie, un visage charmant, l'usage de la
bonne société et le goût des voyages, fit de
nombreuses excursions en Italie, en Allemagne
et en France.*

*Il revenait de Rome, de Naples et de Capoue,
il avait 25 ans, quand il obtint une charge
d'officier de la Chambre du Roi. Son dévouement s'accentuait de cette intimité quotidienne
avec les princes, et son zèle y puisait des
motifs nouveaux : la piété du Roi l'édifiait,*

---

(1) Marie Julie Chantal (1811-1844).
Marie Anne Victoire (1812-1866), dame Le Cor-
nier de Cideville.
(2) Les magistrats se retirèrent en foule ; dans
ce premier mois d'août 1830, il fallut nommer
près de quatre cents procureurs ou substituts ;
plus de cent présidents et juges dans les tribunaux.

sa bonté le charmait, de tout cœur il s'attachait à un maître bienveillant.

En juillet 1830, il se trouvait de service au château de Saint-Cloud, où la Cour prenait ses quartiers d'été. Il avait accueilli avec enthousiasme les nouvelles de la prise d'Alger, suivi avec intérêt les cérémonies du voyage du roi de Naples, il apprit avec peine le résultat des élections et sans regret il lut les ordonnances signées le 25 juillet presque sous ses yeux, voyant là une mesure de précaution rendue nécessaire par une opposition irréductible. Témoin des premiers excès de la révolution dans les rues de Paris, il se trouva mêlé aux scènes historiques qui eurent lieu au palais pendant les « trois glorieuses ».

Ses souvenirs, rédigés au mois de mars 1834, constituent les pages qui forment le présent volume. Il les avait intitulés : Cinq jours de 1830, puis Mes journées de juillet 1830, avec cette mention de précision qui souligne leur valeur : Rédigé sur notes prises heure par heure.

Tel que nous l'avons présentement sous les yeux, le manuscrit remplit un petit cahier cartonné de 18 centimètres de haut sur 11 centimètres 1/2 de large, recouvert d'un papier grisâtre usé et défraîchi, au dos cassé, portant en haut, au revers de la garde, l'indication du lieu où il a été acheté et composé, avec la date : « Milano-Marzo 1834 ».

Ecrit sur 131 pages numérotées d'une encre pâlie, d'une petite écriture menue, serrée et correcte, élégante et claire, avec quelques ratures, corrections, adjonctions, visiblement faites en relisant le texte, il se termine à la dernière page par un petit plan du château où se passèrent les événements, car Edmond Marc maniait le crayon comme la plume.

N'ayant pu suivre, ainsi qu'il le raconte, le Roi à Rambouillet, il avait, au milieu des barricades, regagné Paris où sa belle-mère avait un appartement rue du Cherche-Midi, puis s'était retiré aussitôt dans leur maison des champs, près d'Evreux, au château de Nagel, où son frère aîné arrivait de son côté de Mantes chercher un gîte, avec son procureur : M. de Ronseray. Leur amitié s'accrût dans cette intimité hospitalière; leur foi royaliste était commune. Edmond Marc la mit sans tarder au service du prince en exil dont il se considérait toujours comme le sujet fidèle.

Chargé de missions et tout au zèle de les bien remplir, il s'achemina, avant de se rendre à Holyrood, vers l'Autriche, où il retrouva à Vienne le comte de Montbel. C'était un serviteur dévoué et sûr, que les nuages de la mauvaise fortune n'effrayaient pas.

Partout, le monde royaliste lui faisait bon accueil, il se plaisait dans la plus aristocratique société et au cours d'un séjour d'une année où il se fixa en Lombardie, 1833-1834, il noua les plus agréables relations à Pavie, Milan, Bergame. Il était l'hôte de la marquise Terzi, née princesse Galitzine, qui le traitait en mère, l'ami de son fils le comte Louis et peut-être ébaucha-t-il un joli roman dans la compagnie de ses filles. Ces intimités délicates furent si appréciées de part et d'autre, qu'elles ont survécu au temps et ne sont pas oubliées encore aujourd'hui.

Les musées, les monuments, les concerts, le théâtre, l'histoire, la poésie surtout fournissaient les sujets des études, des délassements, des entretiens. C'était un échange d'espérances politiques, de travaux littéraires, de passe-temps artistiques, car l'officier de la Chambre du Roi était à la fois un rimeur élégant et un dessinateur raffiné ; son crayon facile et correct a illustré plus d'un album, sa plume y a tracé plus d'un madrigal ou d'un sonnet.

Et quand il revint en France, dans cette demeure familiale de Nagel, familier lui-même du château voisin de Glisolles où le marquis de Clermont-Tonnerre, l'ancien ministre, pair de France, retiré lui aussi de la vie politique, demeurait le centre des royalistes d'Evreux, Edmond Marc fit tout naturellement partie de l'Académie Ebroïcienne dont son frère Amédée était le secrétaire perpétuel. Ce fut alors un duo de poésies avec une muse de province, renommée en ce temps d'activité romantique, Mme Aglaé de Corday, disciple (autour d'elle on disait émule) de Lamartine.

Dans ces réunions courtoises, dans cette société polie de l'opposition royaliste, irréductible au « Roi citoyen », le nom d'Edmond Marc figure souvent au Bulletin imprimé sur papier rose sous couverture verte. « Membre résidant » de la section de littérature, il rapporte d'abord de son récent voyage d'Italie des notes capables d'intéresser les agriculteurs du département :

1º *Sur la culture du mûrier et l'éducation des vers à soie.*

2º *Sur les prairies de Lombardie.*

3º *Il traduit une étude sur les graines locales par un professeur de botanique de l'Université de Pavie, le docteur Monetti, avec qui il s'était lié.*

4º *Il donne un examen critique de la bataille de Pavie, livrée le 24 février 1525.*

5º *Une vue d'avenir sur les développements de l'Amérique septentrionale, avec la ville naissante de Buffalo, aux Etats-Unis.*

6º *Il raconte son pèlerinage de Vienne à Maria Zell en Styrie, au mois de juin 1831.*

7º *Il laisse chanter sa lyre, à la mode du temps, en des pièces faciles, aux titres imprécis:*

Rêverie, Illusion, Hella.

8º *Il apporte un curieux pastiche d'une vieille chronique mise en vers romans, à l'imitation du style des romanciers du* XIIe *siècle :* Maistre Yve et Comment par finesse, entra en Paradis.

C'est un amateur, un lettré, un essayiste. Le monde littéraire le reçoit avec empressement et il y fait bonne figure.

*Il se marie le 17 avril 1837, avec M*lle *Marie*

Perrin de Boislaville (1817-1897), fille d'un conseiller à la cour des Monnaies, décoré de la la Légion d'honneur au moment de l'invasion de 1814; maire de Coulommiers. Edmond Marc est fixé désormais dans cette petite ville où il s'éteindra, plein de jours, au milieu des siens, comme un patriarche, le 3 septembre 1889, à 86 ans.

Témoin de la Révolution de 1830, il a été spectateur de celle de 1848, et par une prudence excessive il a brûlé alors les papiers politiques qu'il possédait. C'est par miracle que le petit cahier de ses souvenirs de Saint-Cloud a survécu. Il l'avait oublié à ce château de Nagel où ses séjours étaient fréquents, chez sa mère, où les soins des jardins au printemps, et les plaisirs de la chasse à l'automne le retenaient, où les villégiatures de commensaux éminents l'attiraient, car il y rencontrait Mgr. Ollivier, l'évêque d'Evreux, l'abbé Gaidechen, ami de la famille, sauvé par elle pendant la Terreur, mort curé de l'Abbaye-aux-Bois et qu'on nommait avec une familiarité respectueuse « mon petit oncle », l'abbé Dupanloup, le Père Pételot, alors curé de Saint-Roch, tous hôtes réguliers de la maîtresse de maison, auprès de qui lui-même se montrait causeur gracieux, plein de réminiscences de ses voyages, toujours serviteur fidèle de la cause monarchique auprès du comte de Chambord comme de Charles X.

Il était resté à la fin de sa longue existence un vieillard fin et spirituel; toujours amateur des fleurs et des vers, bon homme dans ses procédés, d'une politesse accueillante, souriant dans sa belle barbe blanche qu'il dorait avec la fumée de sa pipe familière et père d'une nombreuse lignée qui a conservé à bon droit le culte de sa mémoire.

Il nous donnera donc, sans y avoir jamais prétendu et justement avec autorité, un récit vivant, authentique, sincère, par conséquent instructif de ce bouleversement politique de sa vie et qui devait avoir pour la France elle-même des conséquences si graves. Il y a de cela un siècle, nous en ressentons encore les effets sans les bien comprendre peut-être. Ce bon témoin mérite d'être écouté.

GEOFFROY DE GRANDMAISON.

Nagel, juillet 1930.

MES JOURNÉES DE JUILLET 1830

Ma famille a toujours été dévouée à la seule dynastie légitime des Bourbons : la captivité et la mort de plusieurs de ses membres dans les temps d'épreuve ont témoigné de ces sentiments que les nouvelles infortunes de l'auguste Maison de France n'ont pu que fortifier et accroître. Pour moi, nourri dans un respect et une affection sans bornes pour les seuls princes qui aient droit à notre obéissance et heureux d'ailleurs d'entrer dans un corps où j'avais déjà un ami, j'acquis, en sortant de l'Ecole de Droit de Paris, où j'avais pris mes degrés (octobre 1828) une charge d'officier huissier de la Chambre du Roi (1), dont les attribu-

_____

(1) Lorsque le Roi de France allait en guerre, les huissiers de sa Chambre portaient ses masses

tions, toutes de confiance, comprenaient la garde immédiate du Roi.

Mes fonctions, qui conséquemment ne s'exerçaient qu'à l'intérieur, à quelques solennités près, me donnèrent mille occasions d'apprécier par moi-même la bonté, la bienfaisance, la grâce, toutes les qualités enfin qui font aimer et respecter les hommes, réunies dans cette noble Maison si mal connue, si calomniée auprès du peuple; et ce furent autant de liens nouveaux qui m'attachèrent encore plus fortement à elle.

On a répété à la foule que les Bourbons étaient ses plus redoutables ennemis qui cachaient sous des dehors aimables le projet constant de la ramener à l'esclavage; on les a représentés durs, inhumains, nourrissant contre la nation d'implacables et incompréhensibles ressentiments, la détes-

---

d'armes et devaient se tenir constamment à ses côtés, afin de pouvoir toujours lui 'n présenter une, quand il prenait part au comb. t. (Citation de l'*Etat de la France*). (Note d'Edmond Marc).

tant au fond du cœur et incapables de pardon. Pour moi, je n'ai jamais entendu le Roi parler du bonheur du peuple que comme du plus ardent de ses désirs ; et certes, c'était bien alors son cœur qui parlait car personne de ceux qui étaient présents n'aurait pu nier que l'altération sensible de sa voix et les larmes même qui remplissaient ses yeux, n'attestaient une émotion si profonde qu'il était impossible de ne la point partager.

Une portion considérable de la liste civile de Charles X, et le revenu tout entier de ses biens particuliers (près de 6 millions de francs) étaient le patrimoine assuré des malheureux qui avaient recours à sa bienfaisance. MM. les premiers valets de chambre savent combien de fois il gémit de ne pouvoir, selon son cœur, soulager ou réparer toutes les infortunes.

Je sais cet exemple : le prince se faisait depuis longtemps un grand plaisir de visiter la Normandie et de se rendre à Cherbourg ; le voyage était enfin arrêté ; mais les temps se présentant comme un peu durs, il revint sur sa résolution et demanda à M. le comte

de la Bouillerie (1), combien coûterait
au juste cette excursion de deux semaines.
La somme n'était pas exorbitante, mais
Sa Majesté donna aussitôt contre-ordre en
disant qu'Elle en trouverait un meilleur
emploi, en la consacrant aux pauvres
qui souffraient alors de la cherté du pain ;
Elle remit le voyage d'agrément à un autre
temps, indéfiniment. Devait-il songer, cet
excellent prince, que c'était le retarder
pour le jour si peu éloigné où il le ferait en
proscrit ?

Que de traits analogues resteront inconnus parce qu'il faisait le bien par besoin,
par plaisir, par devoir, pour s'assurer l'amour
de son peuple et que tout autre résultat
lui demeurait indifférent. L'ingratitude dont
on l'a trop souvent payé, prouve assez le
désintéressement et la générosité de son

____

(1) François Roullet, comte de la Bouillerie
(1764-1833). Caissier du Premier Consul, trésorier
général, maître des requêtes au Conseil d'État,
intendant de la liste civile du roi (1814), député
de la Sarthe (1815), pair de France (1827), intendant général de la maison de Charles X. Ministre
d'État.

cœur, puisque l'affection et la reconnaissance de tant de Français, les seules récom-
penses qu'il ambitionnât, lui furent presque
constamment refusées et que ses bienfaits,
trop souvent méconnus, ne firent que
grossir le nombre de ses ennemis.

Je dois la même justice aux princes et
princesses : Madame (1), qui était parvenue
à calmer la profonde douleur où l'avait
plongée l'attentat du 13 février (2) continuait aux arts la protection active que leur
avait toujours accordée son époux et encou-
rageait l'industrie de tout son pouvoir.
Il suffirait de visiter l'hôpital, les écoles que
lui devait Rosny (3) pour avoir une idée
de tout ce qu'avait su lui inspirer son amour
pour le peuple. Nous lui devions l'espoir d'être
longtemps encore gouvernés par les Bourbons, nous lui devons Henri V, notre jeune
et légitime souverain. On connaissait déjà,
de ses aimables enfants, plusieurs traits

------

(1) Caroline de Bourbon, duchesse de Berry.
(2) L'assassinat du duc de Berry, par Louvel,
en 1820.
(3) Résidence de la duchesse de Berry, sur les
rives de la Seine, près de Mantes.

qui promettaient la plus heureuse ressemblance avec leurs nobles parents. Mais toutes ces vertus, toutes les garanties de bonheur offertes par le présent à l'avenir n'ont pas trouvé grâce devant la presse libérale qui a su en paralyser l'effet naturel, ou même la transformer en crimes aux yeux de la multitude.

Monsieur le Dauphin et Madame la Dauphine (1) donnaient aussi considérablement et toujours, autant que possible, sans éclat. Madame la Dauphine visitait souvent des pauvres honteux et ne craignait pas de monter de longs escaliers ni d'entrer dans les plus misérables réduits. Elle allait alors à pied, enveloppée d'une pelisse très simple, un voile noir devant les yeux pour n'être pas reconnue. C'est ainsi que l'un des plus furieux démagogues de 93, mourant sur la paille, dans un grenier, abandonné de tous, fut assisté et consolé à ces derniers moments par cette auguste princesse. — Je tiens du baron Charlet, secrétaire des commandements de Madame la Dauphine,

---

(1) Duc et duchesse d'Angoulême.

que deux jours avant l'expiration d'un mois,
S. A. R. n'avait plus que 5 francs pour arriver au mois suivant, par suite des secours
qu'elle avait accordés. Et quel aimable
usage cette respectable princesse faisait
de la prodigieuse mémoire dont elle était
douée, quel intérêt elle portait aux personnes attachées à sa maison : elle les connaissait tous par leur nom, à l'exemple de
son infortuné père, de sainte mémoire,
et laissait rarement échapper l'occasion
de leur prouver l'intérêt qu'elle portait à ce
qui pouvait les toucher.

Pourtant que d'atroces calomnies n'a-t-on
pas osé répandre sur une princesse que ses
malheurs seuls devaient rendre respectable
et qui avait droit, de notre part, à tant de
consolations ! On l'a montrée hautaine,
vindicative, violente, ennemie personnelle
et implacable de la nation ; on lui a prêté
un propos féroce qui n'a trouvé que trop
de crédit dans le peuple et que je rougirais
de consigner (1).

-----

(1) Madame avait beaucoup de goût pour les
enfants, elle les aimait tant qu'elle en avait

Sa vie, consacrée à la bienfaisance la plus étendue, en même temps la plus modeste, son langage, son maintien étaient autant de preuves qu'elle avait pourtant tout oublié au milieu même des souvenirs encore vivants de ses infortunes. On ne lui a tenu compte d'aucun sacrifice, on aurait voulu lui interdire jusqu'à ces regrets si légitimes et si sacrés, jusqu'à ces retours irrésistibles vers tant de doux liens cruellement rompus, jusqu'à cette douleur si

---

toujours auprès d'elle. Je connaissais particulièrement M. Blanchard, ancien officier, fourrier des logis du Roi et frère de celui qui était dans notre corps ; il avait un petit garçon de 8 à 10 ans, d'un esprit original, grand tapageur. Il s'en allait tous les matins à Saint-Cloud, chez Mme la Dauphine et y passait une grande partie de la journée, soit à jouer, soit à causer auprès de S. A. R. Ce goût pour les enfants a toujours été considéré comme l'indice certain d'une douceur particulière de caractère, et il serait difficile de l'allier avec une méchanceté dont on ne peut d'ailleurs produire aucune preuve de la moindre valeur, tandis que les faits contraires sont innombrables. (Note d'Edmond Marc.)

touchante à laquelle les angoisses inouïes de ses premières années avaient irrévocablement voué le reste de son existence. Ses calomniateurs même ont trouvé l'abîme de ses maux si profond, qu'ils n'ont jamais cru qu'elle pût pardonner à ceux qui l'y avaient précipitée, et ils conclurent que Madame la Dauphine devait détester le peuple français comme si jamais elle l'avait regardé comme leur complice.

C'est par ce système de mensonge arrêté et constamment suivi depuis la Restauration qu'on parvint à miner d'abord sourdement, puis ouvertement le trône antique des Bourbons au point que nous l'avons vu s'écrouler à la première secousse ; c'est, à ce ramas concerté de calomnies grossières, cachées au fond de chaque phrase, de chaque ligne adressée au peuple par les démagogues d'alors (transformés aujourd'hui en hautains aristocrates) que nous sommes redevables des dernières calamités qui ont fondu tout d'un coup sur nous et de toutes les conséquences qui en ont déjà découlé et qui nous menacent encore.

$$* \, ^* \, *$$

J'ai voulu consigner ici les événements dont j'ai été témoin pendant les trop fameuses journées qui virent éclater et triompher une vaste conspiration contre nos légitimes souverains, qui virent notre vénérable monarque précipité du trône et obligé de dérober ses jours proscrits à la fureur de quelques sujets égarés, qui virent enfin le digne fils d'Egalité, mauvais parent, sujet infidèle et prince félon accepter avec une hypocrite modestie la couronne qu'il convoitait depuis si longtemps.

Dimanche 25 juillet 1830.

Le dimanche 25 juillet, j'étais de service à Saint-Cloud. Je remarquais chez M. le Dauphin et dans la galerie après la messe une affluence considérable de personnes venues pour faire leur cour. Le Roi prolongea fort longtemps le Grand Lever. Il ne paraissait et ne pouvait encore rien transpirer du projet des Ordonnances tant le secret en avait été scrupuleusement gardé, vis-à-vis des princesses elles-mêmes, m'a-t-on assuré depuis. — En attendant dans le cabinet du Conseil, où s'étaient déjà rendues, suivant l'usage, LL. AA. RR. j'y vis réunis, comme à l'ordinaire, tous les ministres, à l'exception de M. de Chantelauze (1),

------

(1) Victor de Chantelauze (1787-1859). Substitut (1811), premier président de la Cour de

garde des sceaux. Le besoin d'achever son rapport pour le Conseil qui allait être tenu était la cause de ce retard. Je remarquai encore le prince Paul de Wurtemberg (1), assez bel homme, avec une physionomie très commune auquel le Roi parla fort peu, ce qui ne m'étonna pas à cause de ses opinions connues. Il y avait là Monsieur de Besançon qui venait de recevoir la barette des mains du Roi (2).

Sa Majesté s'approchait de la porte

Grenoble, député de la Loire (1828), ministre de la justice (1830). Condamné dans le procès des ministres à la prison perpétuelle ; libéré en 1836.

(1) Paul Charles Frédéric Auguste, frère du roi Guillaume, né en 1785, marié à une duchesse de Saxe Altenbourg.

(2) Louis François Auguste, prince de Léon, duc de Rohan, fils d'Élisabeth de Montmorency, chambellan par ordre de Napoléon ; à la Restauration, officier des mousquetaires rouges, pair de France ; marié à la fille du duc de Sérent, brûlée dans un affreux accident. A son veuvage, il entra dans les Ordres et s'adonna à des œuvres de piété et de charité. — Cardinal en 1830, il dut, à la Révolution, s'éloigner de son diocèse de Besançon et se fixa à Rome ; il revint en 1833, à la nouvelle d'une épidémie qui régnait à Besançon, il y mourut, victime du fléau.

lorsqu'on y frappa tout doucement. Je l'entr'ouvris, malgré l'ordre, pour laisser entrer M. le garde des sceaux. Comme il se glissait dans le cabinet, le Roi l'arrêta près de nous et lui dit : « Allons donc, paresseux ! » Mais il ajouta aussitôt avec sa bonté ordinaire quelques questions sur sa santé qui était généralement très mauvaise et que les fatigues du ministère et de la tribune avaient achevé de miner.

La famille royale fut aussitôt congédiée par le Roi et le Conseil commença. Ce fut là que se fit ce rapport, monument de vérité et de raison (1) et que furent signées ces Ordonnances qui en étaient les conséquences rigoureusement nécessaires (2).

------

(1) C'est le rapport où M. de Chantelauze, ministre de la justice, exposait les dangers que le gouvernement avait à vaincre en face de l'opposition parlementaire et les périls que la liberté de la presse, en particulier, faisait courir à la Monarchie.

(2) Quatre Ordonnances portaient limitation de la liberté de la presse : — Dissolution de la Chambre nouvellement élue. — Modification du système électoral et réduction du nombre des députés. — Réintégration au Conseil d'État de quelques membres précédemment écartés.

Le lendemain parurent dans le *Moniteur* le rapport et les Ordonnances. Les royalistes, tout en se réjouissant de voir enfin le Roi décidé à soutenir son autorité déjà si compromise, conçurent néanmoins quelques inquiétudes sur l'exécution et les suites. Ils craignaient tout de la rage et de la malice des ennemis mortels du Roi, car ils savaient trop bien, comme ceux qui le niaient hautement alors l'ont proclamé depuis, qu'ils préparaient de longue main et par tous les moyens en leur pouvoir, les éléments d'une nouvelle Charte et l'expulsion de la famille royale, sinon sa mort. Les révolutionnaires, de leur côté, firent éclater une violente indignation calculée, non pas sur le fait de dispositions que la situation critique et l'article 14 (1), justifiaient de

---

(1) L'article 14 de la Charte conférait au roi le droit de signer telle Ordonnance qu'il jugerait convenable à la sécurité de l'État dans un moment de danger public.

Après 1830, les vainqueurs, Guizot, La Fayette, *Le National*, *La Tribune*, reconnaissaient la légalité des Ordonnances de Charles X. — Voir : NETTEMENT. *Histoire de la Restauration.*, VIII, p. 579.

reste, mais sur la grandeur de l'attentat qu'ils méditaient. Il fut donc répandu dans tout Paris qu'en conséquence de la modification de quelques articles de cette Charte dont ils avaient, *eux*, déjà juré l'anéantissement, tous les signataires des Ordonnances étaient hors la loi et que tout lien entre eux et le peuple était rompu.

Quant aux chefs et aux meneurs, ceux qui avaient le secret de la conspiration, il fut convenu que s'ils ne profitaient pas de l'occasion qui leur était offerte, il ne s'en rencontrerait jamais de plus favorable pour arriver à leurs fins qui était tout simplement, comme on l'a vu depuis, la direction des affaires et l'envahissement de toutes les places.

Un moyen se présenta qui ne pouvait manquer de réussir, mais un moyen qui sera la honte éternelle de ceux qui ont eu la perfidie de l'employer; un moyen qui répand la plus vive lumière sur la véritable cause efficiente de cette révolution et qui fixera la postérité sur ce qu'elle doit entendre par cette phrase dont on nous a tant rebattu les oreilles :

« La France, la Nation toute entière se sont soulevées pour repousser une intolérable tyrannie préludant par des Ordonnances illégales et liberticides à l'exécution des plus odieux projets contre le peuple. »

Ce moyen, le voici :

D'un commun accord, presque tous les ateliers, les manufactures, les imprimeries, etc... furent fermés dès le mardi matin (1) et lorsque les ouvriers se présentèrent pour continuer leurs travaux, on leur répondit : il s'agit bien de travailler

______

(1) 27 juillet. — « Paris conserva tout d'abord son aspect habituel. En parcourant les rues les plus populeuses, on ne voyait pas d'attroupements, on ne remarquait pas même de groupes au-dessous des placards qui renfermaient les Ordonnances. Le peuple ne s'ébranlait pas et dans la soirée les bals des barrières reçurent leurs hôtes accoutumés... Les journalistes directement atteints par l'Ordonnance sur la presse, se réunirent, dès le 26 juillet, résolus à lutter contre l'exécution de cette Ordonnance... M. Thiers, du *National*, fut chargé par ses collègues de rédiger la protestation... Les bureaux du *National* étaient le centre où les éléments d'opposition vinrent se réunir et se confondre... Dans cette première partie de la

quand de nouvelles Ordonnances viennent de porter le dernier coup à la liberté et compromettent toutes les existences. Allez gagner votre pain où vous voudrez et comme vous l'entendrez ; pour nous, nous ne pouvons plus vous recevoir.

Chez la plupart, on fit plus, on les harangua en leur donnant de l'argent, des instructions, en leur disant que le moment était venu d'en finir avec le « tyran » et qu'il fallait se montrer ; on leur procura des armes ou on leur indiqua des dépôts établis à l'avance dans différents quartiers de

---

journée, personne ne répondit aux appels de l'insurrection... Cependant, les principaux commerçants et industriels de la ville de Paris,- réunis à l'Hôtel de ville pour le renouvellement des membres du Tribunal de Commerce, ayant été excités par les chefs de l'opposition à outrance, s'étaient décidés à fermer à l'instant même leurs ateliers, rejetant ainsi leurs ouvriers dans la résistance déjà organisée... Les déclamations des ouvriers imprimeurs commencèrent à trouver de nombreux auditeurs dans la foule et ceux-là même qui ne savaient pas lire se déclaraient résolus à défendre à outrance la liberté de la presse. » — NETTEMENT. *Hist. de la Restauration.* VIII, livre XXI.

Paris (1). Tant il est vrai que les Ordonnances n'ont été que le prétexte, l'étincelle

(1) Une personne très digne de foi m'a affirmé que depuis quelque temps on fabriquait des cartouches à balles dans un établissement très connu à Paris et qu'une ouvrière d'une conduite peu régulière avait un soir reçu la visite de plusieurs jeunes gens qui l'avaient forcée de recevoir en dépôt chez elle une vingtaine de fusils, avec les plus terribles serments si elle en ouvrait la bouche. Comment la police n'a-t-elle pas eu connaissance de ces circonstances ? Elle savait pourtant bien qu'il se tramait un grand coup qui devait éclater sous peu, sans doute à l'ouverture des Chambres. M. Maugin, préfet de police, dont le dévouement ne peut être révoqué en doute, aurait-il été le premier trahi par ses propres agents ? ou bien, cette sorte de peur respectueuse de la Révolution portée à un point si déplorable par la Restauration était-elle devenue tellement puissante sur l'esprit du gouvernement qu'on n'ait pas osé attaquer directement les préparatifs dont on ne faisait presque plus mystère ; ou bien encore, — ce que je vois sans me prononcer sur la justesse de cette vue, — n'était-ce pas qu'on voulait qu'un commencement d'exécution vînt justifier les mesures à prendre ? Mais, dans ce cas, le fait des dépôts d'armes et de la fabrication des cartouches ne

dont on avait besoin pour mettre le feu à
une mine préparée de longue main. C'est

---

pouvait-il pas être considéré comme ce commencement d'exécution ?

Les journaux de la Révolution se sont au
reste chargés depuis son triomphe, de prouver
jusqu'à la dernière évidence l'existence d'un
complot contre la branche aînée, formé dès
1815, et continué avec une constance et des
développements toujours croissants jusqu'au
dénouement.

Un de ces journaux a donné, quelque temps
après les « journées », le procès-verbal d'une
séance des « Amis du Peuple », dans laquelle
un membre demande que la Société, pour plus
de régularité, approuve l'emploi d'une somme
de 100.000 francs prise sur ses fonds, sans autre
consultation, vu l'urgence, et être employée
dans un but trop patriotique pour que l'on puisse
hésiter à la voter par acclamation ; ce qui eut
lieu.

M. Audry de Puyraveau s'apercevant, un
peu trop tard il est vrai, qu'il avait payé de sa
fortune la plus cruelle des mystifications a,
de son côté, fait retentir les journaux de ses lamen-
tations sur l'ingratitude de gens qui savaient
tous les sacrifices qu'il avait faits pour faciliter
la correspondance des Comités révolutionnaires,
afin de préparer des dépôts d'armes dans Paris,

ainsi qu'en moins de quelques heures il y avait sur le pavé 30 ou 40.000 ouvriers, criant avec fureur : « A bas les Ordonnances ! » Ces Ordonnances dont pas un sur mille n'avait lu le premier mot, mais que tous avaient déjà en horreur parce qu'on leur avait dit que c'étaient elles qui leur fermaient les ateliers et les condamnaient à la misère.

————

particulièrement dans sa propre maison où il était parvenu à amasser 1.500 fusils de munition. Il y aurait mille autres détails du même genre. Les citations d'aveux analogues rempliraient des volumes.

Je tiens d'ailleurs de la bouche de M. le comte de Montbel, ex-ministre des finances de Charles X, que le Conseil avait été informé pendant la lutte que les ouvriers avaient reçu presque généralement 12 francs par jour. Quelque temps auparavant des caisses de cocardes tricolores avaient été saisies. Et l'on a trouvé sur les premières victimes tombées du côté des insurgés, des ordres du jour, *imprimés*, dans lesquels on lisait des instructions détaillées sur la tactique à suivre contre les troupes et le mode de construction de barricades. — (Note d'Edmond Marc.)

Il fallait une révolution. On ne pouvait la faire que pour les prolétaires de Paris. Et comme les prolétaires n'ont jamais rien fait que pour le seul profit avoué de de quelques intrigants, on devait leur persuader qu'ils se trouvaient personnellement intéressés à tout bouleverser.

Si l'expérience servait de quelque chose à une population, celle de Paris, encore une fois dupe et victime de meneurs révolutionnaires, aurait pu se rappeler le résultat éternel et inévitable de toutes les révolutions qu'elle a faites. Ils auraient prévu, ces ouvriers, qu'ils allaient exposer leur vie pour une poignée d'intrigants ambitieux qui les remercieraient à peine dès qu'ils seraient en mesure de s'emparer du gouvernement et qu'on les renverrait après à leurs ateliers plus misérables qu'il n'en étaient sortis; qu'on étoufferait leurs plaintes, qu'on réprimerait avec une rigueur inouïe cette turbulence excitée quelques jours auparavant à prix d'argent.

Maintenant que tout est consommé, ce peuple compte froidement ses veuves, ses orphelins, ses blessés, ses morts; il se demande si cette obole qu'on lui jette est la digne récompense de tant d'efforts, de courage, de sanglants sacrifices contre le sublime héroïsme des soldats qu'ils ont combattus. Il n'est plus temps. Lorsque le nouvel état de choses avait à peine un mois d'existence, ceux pour qui tout s'était accompli, parvenus à ce pouvoir, dont la soif les avait si longtemps dévorés, avaient déjà hérité d'une haine plus profonde que celle même qu'ils avaient excitée contre leurs prédécesseurs. Ils recevaient ainsi le châtiment de leur ambitieuse perfidie.

Lundi 26 juillet 1830.

C'est le lundi 26 juillet 1830 que commencèrent les attroupements et qu'il se fit quelques démonstrations qui présageaient des scènes d'un caractère plus sinistre. On se porta le soir à l'hôtel de plusieurs ministres et on brisa quelques vitres, aux cris de « A bas les Ordonnances ! Vive la Charte ! (1) »

Je ne connaissais pas encore ce jour-là le texte de ces Ordonnances que je ne pus lire que le lendemain ; on ne pouvait trouver nulle part le *Moniteur* ; on l'avait vendu le matin jusqu'à 10 francs l'exemplaire. Je fus frappé de la dignité, de la mesure et de la loyauté qui respiraient dans le trop fidèle rapport qui les précédait. Je ne vis

_____

(1) Voir : *Mémoires du baron d'Haussez.* II, 249.

donc dans les ordonnances que l'accomplissement peut-être un peu tardif du vœu de tous les amis du Roi et du pays, depuis qu'ils observaient toutes les attaques dirigées, toutes les victoires remportées contre l'autorité légitime et constitutionnelle par le parti révolutionnaire. Je considérai ce coup d'Etat comme un dessein de la Providence qui voulait encore une fois sauver la France.

Mardi 27 juillet 1830.

Le mardi 27, la fermentation s'accrut et
on put juger par l'agitation qui se mani-
festait dans les quartiers les plus populeux,
qu'un mouvement sérieux se préparait.
J'allais dîner, comme à l'ordinaire, à une
table d'hôte, où je rencontrais presque
tous les jours mon bon ami Charles de La
Porte, auditeur au Conseil d'État, M. de
Conny (1), le chevalier du Chardonnet,
ami intime de la famille de Bourmont, et
M. de Lesquen, secrétaire particulier de
M. le comte de Peyronnet, ministre de
l'Intérieur. Au dessert, l'un de nous lut le
rapport et les Ordonnances. Le champagne
vint ensuite ; on porta la santé du Roi et
on but au succès des seules mesures capables

____

(1) Le vicomte de Conny était député de l'Allier.

de sauver le bon droit. En sortant, M. de Lesquen nous dit qu'on était prévenu qu'il y aurait du train dans la soirée, que même les démonstrations des ouvriers paraissaient devoir être si énergiques, qu'il allait être question de porter un coup décisif à la révolution, et qu'il ne doutait pas, à la manière dont on était résolu d'agir, que celle-ci ne succombât.

Je sortis avec Charles, et nous allâmes ensemble aux Tuileries. Le Carrousel était occupé par un ou deux bataillons de la garde à pied et un escadron de lanciers. Nous montâmes chez M. Alphonse de la Bouillerie, intendant du Trésor de la Couronne (1). Il était près de 7 heures et le temps était admirable. Nous trouvâmes tout le monde aux fenêtres du côté de la rue de Rivoli (M. de la Bouillerie occupait une partie de l'aile du château, à partir du guichet de la rue de l'Echelle jusqu'à celui de la rue Saint-Nicaise). Il y avait

----

(1) Alphonse de la Bouillerie, maître des requêtes au Conseil d'État, avait un logement et ses bureaux aux Tuileries.

dans cette direction une grande agitation et un appareil militaire qui semblait prouver que M. de Lesquen ne s'était pas trompé.

Un détachement de lanciers était posté à l'entrée de la rue de l'Echelle, et nous voyions sans cesse arriver et partir des aides de camp et des généraux. Le quartier général avait été établi au rez-de-chaussée de la galerie du Trésor par M. le maréchal Marmont, duc de Raguse, commandant en chef (1). Tout cela n'empêchait pas que, comme la soirée était superbe, la rue ne fût remplie d'équipages de toute espèce et d'une foule de promeneurs.

Nous nous apercevions bien qu'il se passait quelque chose d'extraordinaire dans la rue Saint-Honoré, à peu de distance de la rue de l'Echelle sur laquelle nous plongions en partie. Des bruits effrayants se faisaient entendre de ce côté. Bientôt une première décharge de mousqueterie suivie

---

(1) Ces fonctions lui incombaient comme gouverneur de la première division militaire. *Mémoires*, VIII, 239.

de neuf autres nous glaça le sang dans les veines ; le profond silence, qui succéda pendant plusieurs minutes à ces explosions, était sinistre et ne se trouvait interrompu que par quelques cris de détresse de ceux contre qui la force armée avait été obligée d'agir aussi rigoureusement et qui se précipitaient de toutes parts. Nous vîmes revenir entre plusieurs soldats de la garde un caporal qui paraissait grièvement blessé à la cuisse et qui chancelait à chaque pas parce qu'il ne voulait pas souffrir qu'on le soutînt. Plus tard, deux hommes sortirent de la rue de l'Échelle portant sur une chaise un ouvrier sans habit ni gilet, dont la chemise était horriblement ensanglantée. Il avait la tête abattue sur la poitrine et paraissait aux trois quarts mort.

Vers 8 heures, comme nous étions aux fenêtres sur la cour du Carrousel, un homme du peuple s'approcha d'un air menaçant d'une sentinelle de la garde qui lui porta un coup de baïonnette au travers du corps, et il tomba raide mort sous nos yeux.

Je sortis alors un moment avec Charles et nous allâmes d'abord voir ce qui s'était

passé au bout de la rue de l'Échelle ; deux
omnibus, sens dessus dessous, étaient au
travers de la rue Saint-Honoré ; d'un côté,
le ruisseau était intercepté par un amas
de quartiers de briques apportées là pour
servir d'armes contre la garde aux insurgés
retranchés derrière ces voitures, après les
avoir renversées ; elles étaient percées de
balles et un piquet de gendarmerie les
gardait. Le rassemblement avait été
dissipé par la fusillade que nous avions
entendue.

Nous remontâmes jusqu'à la place Vendôme occupée par un régiment de ligne (1) ;
tout y était tranquille.

Revenus chez M. de la Bouillerie, nous
reconnûmes qu'il y avait du tumulte du

------

(1) Les troupes, sorties des casernes, occupaient les positions suivantes : le 1er régiment de la garde, avec deux canons et 50 lanciers,
le boulevard des Capucines ; le 3e de la garde,
4 canons, 150 lanciers, le Carrousel ; les Suisses
avec six canons, la place Louis XV ; le 15e de
ligne, le Pont-Neuf ; le 5e, la place Vendôme ;
le 50e, les boulevards de la Pépinière et Saint-
Denis ; le 53e et un régiment de cuirassiers, la
Bastille.

côté de l'est de la ville, car nous entendions sur ce point des explosions répétées. Un jeune homme, le comte de Quiquerand, qui en arrivait, nous dit qu'on ne pouvait se faire une idée des scènes affreuses dont le Pont-Neuf et la Cité étaient le théâtre. Il avait vu, en passant, un cadavre soutenu en l'air au bout de gros pieux par plusieurs forcenés qui criaient : Vengeance ! aux armes ! et qui, à la lueur des torches, promenaient cet horrible trophée par les rues afin d'exciter par ce spectacle la rage du peuple.

Dans plusieurs quartiers, notamment dans la rue de Richelieu, on avait forcé les boutiques des armuriers et enlevé toutes les armes qui s'y trouvaient. Le Page, armurier du Roi, avait été tué, disait-on, dans sa boutique, par la première décharge d'un peloton qui débouchait de la rue de Montpensier au moment où la populace venait d'entourer sa porte et ses fenêtres.

Il y avait quelque temps que nous n'entendions plus de bruits extraordinaires lorsque, vers 10 heures, le silence fut tout à coup interrompu par une décharge très rapprochée qui ne devait pas être de moins d'une compagnie et qui partait de la place du Palais-Royal, car nous vîmes très clairement le reflet du feu sur les maisons du bout de la rue de Chartres. A cette explosion, un cri unanime et solennel de « Vive le Roi ! » s'éleva du sein de ces lignes noires qui s'étendaient silencieusement sur la place du Carrousel. Il fut aussitôt suivi d'une rumeur sourde accompagnée d'une certaine agitation. Un instant après, les commandements de « Garde à vous ! Arme au bras ! » nous firent comprendre qu'on se préparait à marcher.

A peine le calme était-il rétabli sur la place que trois autres décharges, pareilles à la première, se firent entendre sur le même point, et nous entrevîmes une foule qui se précipitait, en poussant des cris de détresse, de la rue de Chartres sur le Carrousel.

Nous apprîmes qu'un détachement de la garde qui était en position sur la place du Palais-Royal, après avoir été. hué et insulté par le peuple, avait formé le carré et que les insurgés ayant alors voulu se jeter sur lui pour le désarmer, il avait été obligé de faire feu sur les quatre faces de son carré ; un homme avait été tué près d'un domestique de M. de la Bouillerie, qui en arrivait et de qui nous recueillîmes ces détails.

Un aide de camp se porta au galop sur la place du Carrousel et vint parler au colonel du régiment qui bivouaquait sous nos fenêtres. Aussitôt, une compagnie fut détachée vers la rue de Richelieu. L'officier, après le commandement de : « Pas accéléré, marche ! » leva le sabre en l'air en criant de toutes ses forces : « Vive le Roi ! » Ses hommes lui répondirent de si bon cœur que nous les entendions encore lorsqu'ils étaient déjà hors de la place. Je ne puis rendre l'émotion que nous causa ce cri si énergiquement proféré par les plus belles, les plus braves, les plus fidèles troupes du monde ; nous en tirâmes tous un bon augure, chacun de nous y voyait un gage assuré de victoire. Le fait est que ce ne sont pas elles qui ont trompé de si légitimes espérances.

Les barricades avaient déjà commencé ce soir.

Le maréchal Marmont dit à M. de la Bouillerie qu'il n'y avait eu que vingt hommes tués dans les environs du Palais-Royal.

Nous nous retirâmes à onze heures, lorsque depuis quelque temps nous n'entendions plus que le « Qui vive! » des sentinelles et des patrouilles qui circulaient dans tous les sens. Le reste de cette nuit, une des plus belles de l'été, fut calme, mais de ce calme menaçant qui précède la tempête. Les meneurs en profitèrent pour arrêter leurs plans, distribuer de l'argent et des munitions aux ouvriers, les exaspérer par des proclamations furibondes, pour organiser enfin une résistance formidable pour le lendemain.

Avant d'aller plus loin, je dois consigner ici un fait qui m'a été raconté à Vienne par M. le marquis de Kercado-Molac, aide de camp du maréchal Victor, duc de Bellune.

Le mardi soir, le maréchal, qui n'avait ni service ni commandement et qui n'avait presque plus reparu à la Cour depuis l'affront qu'il en avait reçu lors de la guerre d'Espagne (1), monta à cheval avec M. de Kercado, tous les deux en bourgeois, et alla faire une reconnaissance dans les quartiers les plus agités de Paris. Ils arrivaient rue Saint-Antoine lorsqu'un escadron de cuirassiers se mettait en devoir de prendre l'offensive sur les insurgés qui le maltraitaient. Ils se firent reconnaître et chargèrent avec l'escadron jusqu'au quai de la Mégisserie.

Le mercredi matin, le maréchal alla au quartier général et annonça à son collègue, commandant en chef, qu'il venait lui rendre compte pour sa gouverne, de ce qu'il avait vu la veille ; ce qu'il fit ; il en conclut qu'il était aussi dangereux qu'inutile d'engager les troupes dans les rues contre des révoltés dix fois plus nombreux, qui se battaient

(1) Alors ministre de ia guerre, le maréchal Victor, duc de Bellune s'était trouvé en opposition avec le duc d'Angoulême, généralissime. Ce prince se montra très injuste et très entêté et obtint que le portefeuille fût enlevé au maréchal qui n'accepta pas la compensation de l'ambassade en Autriche offerte par Louis XVIII. — Voir : GEOFFROY DE GRANDMAISON ; *L'Expédition française d'Espagne en 1823.*

avec adresse et acharnement, avec tout l'avantage de la position et qui avaient profité de la nuit pour rendre plus facile et plus sûre encore une résistance à laquelle des rues étroites et bordées de hautes maisons étaient déjà si favorables. Il lui conseilla de prendre dès le matin des positions militaires hors Paris, et lui indiqua les Tuileries et les Champs-Elysées. Le duc de Raguse le remercia de ses avis, sans s'y rendre, et le maréchal Victor se retira avec M. de Kercado.

On sait maintenant lequel des deux entendait le mieux les intérêts des troupes et du Roi.

En rentrant chez moi (1), je trouvai un billet d'un jeune Anglais, nommé Radcliffe, que nous avions laissé au mois d'avril à Rome. Il était arrivé à Paris dans la journée. Il m'apprenait qu'il partait pour Londres le lendemain, et il me priait de l'aller voir avant son départ.

---

(1) Au palais des Tuileries.

Mercredi 28 juillet 1830.

Je sortis sur les 7 heures du matin et allai d'abord sur la place du Palais-Royal. Elle était occupée par un fort détachement d'infanterie de la garde et couverte de populace. On passait et repassait devant les soldats sur la figure desquels les fatigues de la veille et de la nuit n'avaient point altéré l'empreinte d'un courage à toute épreuve, et qui paraissaient supporter avec impatience cette curiosité injurieuse accompagnée de loin de sourires insulteurs, de propos grossiers ou de sifflets. Les murs des maisons environnantes portaient les traces des décharges de la veille et la place des réverbères n'était plus indiquée que par de longs bouts de corde rompus qui pendaient çà et là au milieu de la rue. Leur destruction était un des moyens de désordre et de confusion recommandés par les chefs de la conspiration.

Je montai jusqu'au perron par la Galerie de Foy et pris là un cabriolet ; je redescendis la rue Montpensier et lorsque j'entrai dans la rue Richelieu, le long du Théâtre-Français, je vis un grand rassemblement de populace contre la boutique dévastée de Le Page ; de grands applaudissements se firent aussitôt entendre et en suivant tous les regards dirigés sur la porte de ce pauvre Evrard, tailleur du Roi, j'aperçus au haut d'une forte échelle dressée contre sa maison, un serrurier avec sa trousse, et les bras nus, détachant à grands coups de marteau l'enseigne qui portait l'écusson de France· La chute de cet emblème de la royauté fut accompagnée de battements de mains, de cris furieux et de sifflets par la horde hideuse qui entourait le pied de l'échelle. Le serrurier ayant terminé sa besogne redescendit tranquillement ; on enleva l'échelle qu'on alla appliquer successivement contre toutes les maisons qui portaient l'écusson du Roi ou d'un prince, afin de le détacher de même.

En descendant la rue, le cheval de mon cabriolet passa sur les débris de l'écusson d'Orléans, arraché de l'enseigne du pâtissier de ce prince, tandis qu'un enfant qui en tenait la moitié, crachait dessus et le souillait de boue qu'il prenait dans le ruisseau. Son Altesse elle-même ne s'en fût pas mieux acquittée.

« Ce n'est rien que cela, me dit mon cocher d'un air mystérieux ; ce n'est là que le commencement de la danse ; vous allez voir autre chose tantôt. » Je ne répondis rien, trop préoccupé que j'étais déjà de ce dont j'étais témoin.

Les rues étaient pleines de colporteurs qui vendaient ouvertement des numéros de tous les journaux qui ne s'étaient pas soumis aux Ordonnances et prêchaient la révolte. Déjà donc le Roi n'était plus roi dans Paris.

Je remontai dans le faubourg Saint-Germain. J'allai voir plusieurs personnes de ma connaissance dont quelques-unes ne partageaient pas mes opinions. Je trouvai surtout l'une d'elles, une dame, dans un état d'irritation véritablement effrayant.

J'eus à peine le temps de lui adresser quelques mots en entrant et je n'étais pas encore assis qu'elle préludait par des exclamations furibondes, à une récapitulation passionnée de tous les *crimes*, de tous les *attentats* consacrés par les Ordonnances, dont elle ne parlait qu'en gesticulant comme une pythonisse sur le trépied. Étouffé par mille réponses que je ne pouvais trouver le moyen de placer au milieu du flux de son indignation, sentant d'ailleurs que chaque trait me faisait de plus en plus perdre un sang-froid dont j'avais tant besoin, pour ne pas manquer à mon interlocutrice, je me précipitai bientôt hors du salon et me rejetai, indigné, dans mon cabriolet.

J'ai retrouvé depuis la même dame imperturbable apologiste de l'état de siège, des mitraillades du cloître Saint-Merry (1),

____

(1) Le 5 juin 1832, à la suite des funérailles du général Lamarque, les républicains élevèrent à leur tour des barricades contre le gouvernement de Juillet ; l'émeute dura deux jours et se termina de la façon la plus sanglante au cloître Saint-Merry. Paris fut mis en état de siège.

des innombrables persécutions de la presse,
des violations de la Charte, des violations
de domicile, de propriété, de liberté indi-
viduelle, des guet-apens de la police, des
conseils de guerre, etc., etc..., de toutes
les infamies auxquelles le juste milieu
nous a presque habitués depuis trois ans.
Je ne doute même pas que la boucherie de
Lyon (1) ne lui ait paru un trait d'héroïsme
et la plus belle gloire du roi des barricades.

Le faubourg était tranquille, mais pourtant je ne sais quelle panique fit en un
instant fermer les boutiques et détacher
ou barbouiller les écussons fleurdelysés
qui paraient toutes celles des marchands
brevetés. Après un tel exemple il était
bien difficile à un roi boutiquier de n'en
pas faire autant (2).

Je revins à pied au Palais Royal et

------

(1) Insurrection du 9 avril 1833 qui dura
jusqu'au 12, marquée par des combats meurtriers
dans les quartiers populeux de Lyon.
(2) En 1831, Louis-Philippe remplaça par le
coq gaulois ou les tables de la Charte, les armoiries
de son blason : trois fleurs de lys d'or, accompagnées
du lambel de la maison d'Orléans.

remontai la rue de Richelieu jusqu'à la Bibliothèque du Roi. Je remarquai que plusieurs journaux non autorisés étaient affichés contre les murs et je lus un petit placard à la main qui portait :

« Citoyens ! La liberté est en péril ! Aux armes ! La brave garde nationale se rassemble de tous côtés sous les ordres de l'immortel La Fayette. Courons grossir ses rangs. C'est le traître Raguse qui commande les assassins du peuple. »

Il était au plus 9 heures. De place en place, il y avait dans la rue des groupes de 15 à 20 hommes du peuple ; je m'approchai de l'un d'eux et je vis au milieu plusieurs énergumènes qui chargeaient ouvertement des pistolets et qui criaient à ceux qui les aidaient : « Eh toi, une balle ici ! Passe la poudre ! » L'un d'eux dit, en montrant la balle qu'il allait mettre dans son arme : « En voilà une qui sera dure de digestion. » Et tous partirent d'un éclat de rire.

Comme je passais sous l'arcade Colbert (1),

----

(1) Le long des bâtiments nord de la bibliothèque de la rue de Richelieu.

je ne pus voir, sans un pressentiment pénible,
les cinq soldats suisses, tout brillants de
jeunesse et de vigueur, qui composaient
le poste préposé à la garde de la Bibliothèque
de ce côté. Je pensais aussitôt au 10 août (1).
Je me sentis transporté devant ce noble
lion de Lucerne expirant sur l'écusson de
France que sa griffe puissante étreint
encore ; devant cette foule de noms généreux
livrés à l'admiration et au respect de la
postérité ; et je ne pus me défendre d'une
profonde impression de tristesse en songeant
que les noms inconnus de ces cinq braves
grossiraient peut-être bientôt la liste glorieuse
des martyrs de la fidélité.

Il y avait précisément peu de temps
qu'ayant entre les mains des détails très
circonstanciés sur cette fameuse journée,
j'y avais vu que l'huissier qui était de service
chez Louis XVI lors de l'envahissement
des Tuileries, ayant refusé d'ouvrir aux
sans-culottes, fut massacré contre la porte

---

(1) 10 août 1792, jour de l'attaque révolutionnaire du palais des Tuileries, que défendirent
les régiments suisses que la populace massacra.

du Roi et qu'une femme du peuple, pour faire honte à un homme à qui la vue du cadavre paraissait faire impression, avait percé de son couteau la poitrine du malheureux officier et avait bu le sang qu'elle avait reçu dans sa main.

J'entrai dans les premières maisons à gauche, rue Vivienne, qui est l'hôtel Boston, où était descendu Radcliffe. Quand je l'eus embrassé, les premières paroles que je lui adressai furent celles-ci : « Je n'ai pas vu vos chevaux. » En effet, il n'y avait pas d'attelage avancé dans la cour de l'hôtel.

Il ne pouvait partir qu'à 4 heures. En attendant, il me fit faire la connaissance d'un jeune Anglais extrêmement distingué, lord Hill, avec lequel il voyageait.

La veille au soir, se promenant sur la place de la Bourse autour d'un bivouac de la garde, la foule qui l'entourait avait fait une poussée sur une sentinelle qui l'avait refoulée à coups de crosse en criant : « Arrière, canaille ! » Comme il se trouvait près du soldat, Radcliffe eut la sottise de prendre pour lui cette apostrophe et de riposter en mauvais français. En conséquence, la sentinelle l'avait pris au collet et conduit à son officier. Celui-ci reconnaissant bientôt en ce jeune homme bien vêtu un flâneur anglais, lui dit, en le mettant en liberté : « Ce n'est point ici, monsieur, la place d'un curieux. Par le pied de guerre sur lequel nous sommes, vous pouvez fort bien recevoir un coup de baïonnette dans le ventre pendant que vous prenez la peine de vous promener ici. Retournez chez vous, croyez-moi, et restez-y tranquille. » Mon John Bull, vexé, ne se l'était pas fait répéter.

Il n'y avait pas encore de bruit dans la rue Vivienne ; seulement les boutiques étaient fermées et on s'occupait à noircir ou à effacer tous les emblèmes de la royauté et jusqu'au nom du Roi ou des princes sur les enseignes, tant ces braves boutiquiers avaient peur. Il est vrai que plus tard nous les revîmes à leurs fenêtres hurlant d'un air d'enthousiasme avec les loups de la rue et les excitant de là à des entreprises dont ils se gardaient bien de partager les dangers. Ce qui leur a valu du *Constitutionnel*, ce brevet de « héros » qui était alors presque aussi bon marché que celui de la Légion d'honneur.

Nous allions sortir lorsque des cris éloignés nous rappelèrent à la fenêtre. C'était une troupe d'une centaine d'ouvriers qui arrivait sur la place de la Bourse ; ils y firent une halte, après quoi ils entrèrent dans la rue Vivienne. Ils passèrent sous notre fenêtre.

En tête était un homme que son pantalon et sa blouse de toile blanche, que sa casquette bleue souillée de plâtre, faisait reconnaître pour un maçon ; il avait dans une main un sabre de cavalerie et dans l'autre un pistolet d'arçon armé. Il marchait avec une arrogance affectée et criait sans cesse en se retournant vers les autres et brandissant ses armes : « Vive la république ! A bas Charles X ! Vengeance ! »

Derrière lui marchait un grand homme sans habit et les bras nus qui, d'une main, portait un long bâton au bout duquel étaient attachés trois rubans, trois loques de laine rouge, blanc et bleu, il avait à l'autre main un grand sabre nu.

A la suite de ces deux individus s'avançait une troupe de gens la plupart déguenillés (1), tous armés plus ou moins ridiculement, les uns de haches, de baïonnettes fixées au bout de bâtons, de piques, de sabres et d'épées de toutes dimensions, de fusils de munition ou d'armes de chasse, de pistolets, quelques-uns de simples pieux. Il y en avait qui n'étaient point mal vêtus et qui menaient évidemment les autres.

Au milieu du groupe était porté un trophée digne de cette horrible procession.

C'était le cadavre sanglant d'un portier (disait-on) qui avait été tué sur la place de

____

(1) « C'étaient des figures telles qu'on n'en rencontre pas dans tout autre temps ; les uns couverts de haillons, les autres à peine habillés. — Mais c'étaient les moindres traits de ce hideux et dégoûtant spectacle. Les expressions de ces visages, avec toutes les nuances qu'on peut imaginer de la fureur à la stupidité, de la férocité à la bassesse. Et puis, dans quels accès de frénésie nous les trouvions ! Ils étaient ivres de tous les genres d'ivresse, celle du vin était la moindre ; l'odeur de la poudre, la victoire qui n'était pour eux que la réaction de la peur, les cris, le sang, les avaient mis hors d'eux. » BARON DE VITROLLES, *Mémoires,* III, 413.

la Bourse, la veille, par la garde. — Trois bâtons dont chaque extrémité était supportée par un homme, soutenait son cou, ses reins et ses jarrets. Ce corps, fort grand, était déjà raidi et avait un aspect horrible ; le visage défiguré par un coup de feu et souillé de boue, était hideux ; on avait coupé avec soin toute la partie du vêtement qui couvrait sa poitrine afin que l'on pût voir les traces et les trous des quatre balles qui l'avaient frappé en même temps dans cette partie.

A peine le maçon qui était à la tête fut-il arrivé à la hauteur de la rue Colbert, et eut-il porté les yeux de ce côté qu'il se retourna vers sa troupe avec une expression de joie féroce en criant de toute sa force : « Halte ! Halte ! Voici des habits rouges ! » Mille cris de « Mort aux Suisses ! » lui répondirent, et l'on se précipita à l'entrée de la rue Colbert. C'est alors que peu à peu et avec toutes les précautions exigées par la prudence, s'ouvrirent les fenêtres aux environs, et qu'on entendit quelques « héros » de boutique risquer le cri de « Mort aux Suisses ! »

Le corps de garde était à peu près à cinquante pas dans la rue. On commença par leur adresser des huées et des injures. Les passants s'arrêtaient. Il y avait bientôt beaucoup de curieux qui s'installaient comme à un spectacle ordinaire. La plupart animaient même les ouvriers en leur criant : « Allons donc, sautez dessus ! les poltrons ! Ils ont peur de cinq habits rouges ! » Mais eux restaient soigneusement derrière.

Les malheureux Suisses faisaient la meilleure contenance possible. Mais que pouvaient cinq hommes contre cent ?

J'éprouvais en vérité une angoisse horrible. Je regardais de tous côtés s'il ne viendrait pas à leur secours quelque troupe qui les arrachât aux mains de leurs impitoyables ennemis. — Mais rien ! — Mes pressentiments allaient donc déjà se réaliser !

On se rangea en demi-cercle autour du poste, on dressa le cadavre en face contre la muraille, un orateur le montra aux Suisses comme leur victime, et leur adressa quelques phrases qui étaient de grossiers reproches pour eux en même temps pour la populace un appel furieux à la vengeance. —

Le demi-cercle se resserrait toujours presque insensiblement.

On criait toujours de la rue Vivienne : « Allons donc, finissez-en ! Tombez dessus ! »

— Au moins, me disais-je, désespéré de les voir ainsi dévoués à une mort certaine, au moins vendront-ils chèrement leur vie.

— Mais, esclaves d'une consigne absurde, ils ne voulurent pas faire emploi de leurs armes avant d'avoir été attaqués et, malheureusement pas une pierre, pas un coup ne vint légitimer à leurs yeux l'usage de leurs moyens de défense. Sans leur rien faire, on s'approcha d'eux peu à peu et quand on fut assez près on les assaillit, aux applaudissements et battements de mains de cette troupe de lâches aboyeurs qui se tenaient à l'écart. On leur arracha leurs fusils, qu'on déchargea sur eux, un seul échappa, nous dit-on (1). Au moins un jeune homme, devant lequel nous en parlions plus tard dans le café du Carrousel, nous a-t-il affirmé

____

(1) En note, au crayon, ajouté sur le manuscrit : « Nous ne pouvions voir le lieu même de cette scène, nos fenêtres ne donnant que sur la rue Vivienne et l'entrée de la rue Colbert. »

qu'il avait été recueilli dans une maison d'où il sortait.

Sur les quatre autres, on disait que deux avaient encore fait quelques pas avant de tomber, que les autres étaient tombés sur la place même. On se jeta sur leurs cadavres qu'on dépouilla, on se distribua les gibernes, les sabres, les fusils, on mit en pièces les uniformes, on en accrocha les lambeaux aux cordes des réverbères et on traîna dans le ruisseau leurs épaulettes blanches et leurs schakos.

Pendant ce temps-là, d'autres brisaient tout dans le corps de garde et jetaient le poêle par la fenêtre. On revint dans la rue Vivienne, on rechargea sous nos fenêtres les fusils qu'on venait de prendre et on s'en retourna sur la place de la Bourse, en laissant le cadavre qu'on avait apporté, dressé contre le mur, tandis que ceux des malheureux Suisses restaient étendus, presque nus, sur le pavé ensanglanté. Nous entendîmes encore les héros de cette expédition, sur la place de la Bourse, tirer stupidement des coups de fusil dans la façade du théâtre des Nouveautés. Ils disparurent enfin.

Ces scènes affreuses nous avaient causé une telle horreur, que nous étions tous comme pétrifiés, lorsque nous rentrâmes dans la chambre.

Nous sortîmes pourtant, lord Hill, Radcliffe et moi, pour aller déjeuner, ou plutôt pour marcher, car l'esprit ne peut être aussi fortement remué, sans communiquer au corps une irrésistible agitation. — Nous descendîmes par la rue Sainte-Anne au Carrousel, où se trouvait réunie une force armée bien plus considérable que la veille. Nous entrâmes au café de l'hôtel de Nantes, sur la place, j'essayai de manger et je m'aperçus que l'odeur même de la viande me dégoûtait, j'avais l'estomac serré oppressé comme sous le poids d'une montagne. Nous vidâmes force bouteilles de bière, car, quoiqu'il fût à peine 10 heures, la chaleur commençait à devenir insupportable.

Comme j'étais presque toujours sur la porte, je vis arriver, par le guichet du Pont-Royal, un détachement de lanciers de la garde ; un de ses hommes était soutenu par ses voisins sur son cheval ; il avait reçu une balle qui lui avait enlevé une partie de la joue et de l'oreille. Le maréchal l'envoya avec un chirurgien à l'ambulance.

Les officiers vinrent descendre de cheval à la porte du café ; ils étaient furieux ; l'un d'eux que je connaissais me dit qu'ils venaient de faire huit ou dix charges sur la place de Grève et aux environs, où l'affaire était très sérieuse, mais qu'il était impossible de se battre d'une manière *plus ingrate.* — « Quand nous piquons sur un rassemblement, disait-il, ils courent autant qu'ils ont de jambes. Toutes les portes s'ouvrent ; en un instant, il n'y a plus personne ; il n'y a pas un coup de lance à donner. Cependant les coups de fusil, les briques, les pavés tombent comme la grêle de toutes les fenêtres sans qu'on puisse même voir ceux qui les jettent ; et nous ne sommes pas plutôt passés que les portes se rouvrent et vomissent tous ces misérables qui nous envoient des coups de feu dans le dos. »

Il y avait devant la porte du café une douzaine de beaux chevaux tenus par d'élégants domestiques. C'étaient ceux des officiers de lanciers et d'artillerie de la garde qui étaient là réunis, et parmi lesquels était le colonel de la première de ces armes, le brave de Chabannes la Palisse, vieux soldat de Napoléon, qui plus tard eut le pied fracassé d'un coup de feu au pont de Sèvres (1), et son lieutenant-colonel, le duc d'Esclignac (2). La place avait un aspect superbe. Nous en pûmes mieux juger quand nous fûmes remontés à une fenêtre chez M. de la Bouillerie, auquel je présentais mes Anglais.

Un régiment d'infanterie de la garde était posté au pied de la galerie du Musée et en retour d'équerre en avant de la grille. L'espace entre l'arc de triomphe (3) et le

------

(1) Inexactitude ; c'est le lieutenant-colonel des lanciers de la garde, le duc d'Esclignac, qui fut blessé au pont de Sèvres, le 29 juillet.

(2) Charles de Marestang d'Onessan, duc d'Esclignac, était né en Espagne (1790) ; il mourut en 1873. Il succéda, en 1827, à son père, à la Chambre des pairs. — Il avait épousé Georgine de Talleyrand-Périgord.

Sur lui, voir dans le *Correspondant* du 10 juin 1913 : GEOFFROY DE GRANDMAISON, *L'état-major du roi Joseph.*

(3) Le petit arc de triomphe du Carrousel.

guichet de la rue de l'Echelle était occupé
par le beau régiment des lanciers de la garde
et quelques détachements de gendarmerie
d'élite ; devant la porte de la cour étaient
quatre pièces de canon de la garde ; bientôt
arriva un régiment suisse (1).

Je crois que c'est vers midi que la ville
fut déclarée en état de siège. On entendait
à chaque instant des décharges de mousqueterie sur plusieurs points, car les troupes
étaient déjà engagées et plus de mille
barricades existaient déjà. Il y en eut
en tout plus de 4.000.

A une heure environ, il se fit un grand
mouvement sur la place ; deux pièces de
canon suivies d'environ 300 hommes d'infanterie et d'un petit corps de cavalerie sortirent de la place par le guichet du
Pont-Royal ; elles allaient à la Grève ;
les deux autres pièces, également escortées,
partirent en même temps et traversèrent

---

(1) Tous ces détails se trouvent confirmés de
leur côté dans ses *Mémoires*, par le général de
Saint-Chamans. Il a laissé un récit très vivant des
combats de juillet, auxquels il prit lui-même une
part très honorable (pp. 489, 526).

la place au trot, se dirigeant sur la rue de l'Echelle. Vingt minutes après, une canonnade non interrompue se fit entendre sur les deux points. Deux autres pièces arrivèrent presque aussitôt et furent braquées sur le Louvre à l'entrée de la large rue qui y mène, du Carrousel.

J'étais de service à 3 heures à Saint-Cloud. Je devais partir de la rue Duphot, parce qu'on ne pouvait plus circuler en voiture sur la place du Carrousel. J'y allais avec Radcliffe par les rues de Rivoli, de Castiglione et Saint-Honoré. Elles étaient toutes assez tranquilles. Quelle fut ma surprise en tournant de la première de ces rues dans la seconde, de me trouver nez à nez avec M. le ministre de la marine, le baron d'Haussez. Il avait un frac bleu et un ruban à la boutonnière; il paraissait se rendre aux Tuileries (1).

____

(1) A 11 heures du matin, les membres du Conseil avaient jugé convenable de s'établir aux Tuileries, pour décider ensemble, sans crainte de voir leurs communications coupées par les insurgés, et de conserver le contact avec le duc de Raguse. *Mémoires du baron d'Haussez*, II, 255.

Dans la rue de Rivoli, qui était presque déserte, nous vîmes un homme, en uniforme de garde national qui accourait et qui fut arrêté au guichet de la rue de l'Echelle, la garde nationale étant dissoute (1).

Toutes les boutiques étaient fermées. En arrivant à la rue Duphot, nous aperçûmes du mouvement vers la rue Royale et nous y entendîmes bientôt une fusillade, après quoi nous vîmes des soldats prendre position sur ce point. Tout le monde était aux fenêtres ou sur les portes. Et la rue était très libre.

Le bon Radcliffe ne put s'empêcher de m'exprimer à plusieurs reprises son regret de la nécessité qui me forçait d'aller à Saint-Cloud, tout en venant avec moi. — Quand mon service ne m'y eût pas appelé j'y serais encore allé très certainement, à plus forte raison quand il s'agissait de remplir un devoir rigoureux. Je prévoyais bien aussi qu'il pourrait y avoir quelque

____

(1) Depuis le 30 avril 1827, après les cris d'irrévérence partis de ses rangs à la revue du Champ de Mars, la veille.

danger, mais eussé-je été digne de servir le Roi, si cette pensée, loin de m'ébranler, n'avait été pour moi un attrait tout-puissant! Il est certain que j'eusse pu trouver dans la difficulté extrême qu'éprouvaient déjà les voitures et les piétons à circuler et à sortir de Paris, la facile justification d'une lâcheté que je ne me serais jamais pardonnée. Mais ma conscience ne me reprochera point d'avoir un instant songé à un aussi indigne expédient pas plus qu'à aucun autre.

Au lieu de prendre par la rue Saint-Florentin, le cocher ayant voulu aller par la rue Royale, fut arrêté à l'entrée par une sentinelle qui lui ordonna de retourner sur ses pas. Le peuple hua la sentinelle et on criait tout autour de la voiture au cocher : « Ne l'écoute pas, poltron! avance donc! passe-lui sur le ventre! » Le cocher voulait parlementer, mais je lui ordonnais si haut de retourner, qu'il le fit ; et le peuple le siffla.

En traversant la place Louis XVI, je remarquai à l'entrée de la rue Royale deux pièces de canon en batterie sur la Madeleine et soutenues, comme les autres, d'infanterie et de cavalerie de la garde.

Deux escadrons d'un régiment de grenadiers à cheval débouchaient en ce moment des Camps-Elysées et entraient par le quai sous la terrasse. Il arrivait.

Saint-Cloud était tranquille, mais le château commençait à prendre un aspect triste et agité. J'assistai au dîner qui fut silencieux et court. On entendait distinctement des décharges d'artillerie et de mousqueterie. Il était aisé de voir que chacune portait un coup sensible au cœur de Sa Majesté et de sa famille, qui se réduisait à Monsieur le Dauphin (1) et à Madame (2); Madame la Dauphine étant aux eaux. Cependant la physionomie des augustes personnages était calme et résignée. Le repas fut plusieurs fois interrompu par des aides de camp ; et le Roi ayant reçu un message entre les deux services se leva aussitôt et passa dans son cabinet où LL. AA. RR. obtinrent la permission de les suivre. — On se remit à table, vingt minutes après.

La soirée fut agitée. La canonnade ne

____

(1) Le duc d'Angoulême.
(2) La duchesse de Berry.

cessait pas ; plus elle se prolongeait, plus il était à craindre que l'issue ne devînt funeste car elle était la preuve d'une résistance opiniâtre. Quand on emploie les moyens extrêmes contre une révolte, il faut qu'ils soient dès le principe si formidables, si irrésistibles, si décisifs qu'ils ôtent de suite aux rebelles l'idée même de la résistance et c'est en ce sens qu'il est vrai de dire que faire une démonstration de prime abord très énergique, c'est épargner du sang en terminant plus promptement la lutte.

Un combat de six heures était donc déjà un présage menaçant. M. le Dauphin entrait à chaque instant chez le Roi. Il arrivait de temps en temps de Paris des aides de camp dont on ne pouvait rien tirer, mais dont la physionomie et la contenance fournissaient le texte d'une foule de récits plus effrayants les uns que les autres. Ce n'étaient d'abord que des *bruits,* des *vraisemblances,* des *on dit*; ils circulaient en un clin d'œil dans tout le château comme nouvelles officielles et y répandaient la consternation. Tant il est vrai que dans des circonstances décisives l'incertitude est insupportable, et qu'en comparaison la plus mauvaise nouvelle, avec une apparence de réalité, est encore accueillie comme un soulagement. Il était devenu impossible de rien faire parvenir à Paris et d'en rien recevoir. — On sait ce qui s'y passait alors. — Les gardes du corps à pied du Roi arrivèrent le soir (1). On leur prépara un bivouac sur la terrasse au-dessous du Trocadéro (2).

Je montai, après mon service (vers 8 heures du soir) chez Mme Le Gros (femme du valet de chambre ordinaire du Roi) où je trouvais entre autres le bon docteur Distel, chirurgien de S. M. (3).

On était dans une grande anxiété. Des fenêtres la vue plongeait par delà la cour

----

(1) La compagnie des gardes à pied ordinaires du corps du Roi était casernée rue Neuve du Luxembourg ; leur capitaine colonel était le duc de Mortemart ; leur lieutenant colonel, le marquis de Rougé.

(2) Nom donné, après l'expédition française en Espagne de 1823, à la partie du parc de Saint-Cloud réservée aux promenades du duc de Bordeaux et à son jardin botanique.

(3) Premier chirurgien honoraire ; le premier chirurgien en titre était le baron Dupuytren.

du château sur ces magnifiques voûtes de
verdure sur lesquelles elle semblait reposer ;
sur les charmants coteaux de Sèvres, le
bois de Boulogne et le vaste bassin qui lui
sert d'encadrement. A l'horizon enfin, sur
Paris dont on distinguait encore parfaitement les dômes, les clochers, les monuments,
à travers un long réseau de vapeurs vivement coloré par les derniers rayons du soleil.
A l'aide d'un excellent télescope, Mme Le
Gros me fit remarquer qu'une fumée rou-
geâtre s'élevait entre les tours de Notre-
Dame et celles de Saint-Sulpice, et aussi
du côté de Montmartre. C'était bien la
direction des boulevards et de la place de la
Grève où le feu était si vif et opiniâtre.

Je restai longtemps les yeux fixés sur
cette ville sans pouvoir les en détacher.
Le plus beau soir terminait la plus belle
journée d'été ; le ciel était d'une pureté
admirable, une fraîcheur embaumée tem-
pérait la chaleur excessive dont le soleil
avait embrasé l'air. Un silence, un calme
délicieux régnaient sur toute cette belle
nature qui m'entourait, et pourtant une
inquiétude secrète, des pressentiments de

plus en plus sinistres s'étaient tellement
emparés de tout mon esprit, qu'il était
devenu insensible à ces jouissances (1). Mes
yeux ne pouvaient s'arracher de cette
ligne sombre qui terminait l'horizon et d'où
sortaient sans cesse ces terribles détonations qui avaient déjà duré neuf heures. Ce
contraste d'un calme profond et d'une
agitation épouvantable me serrait le cœur.
Je devinai cette confusion d'une ville
immense livrée à la guerre civile, l'acharnement des deux partis. Je me représentais
Paris devenu le théâtre de toutes les hor-
reurs de la première Révolution. Je voyais
les maisons s'écrouler, des files de citoyens
enlevées par les boulets et les rues jonchées
de cadavres. J'entendais les cris du désespoir ou de la rage. Je pensais que deux
ennemis à jamais irréconciliables, le jaco-
binisme et la monarchie, vidaient dans cette
enceinte leur vieille querelle et que chacun
sentant qu'il s'agissait pour lui de la vie
ou de la mort, apportait dans la lutte toutes
les ressources qu'une haine implacable

---

(1) Voir l'*Appendice III*.

et le désir d'une victoire décisive pouvaient lui suggérer.

Et c'était ce tragique dénouement que préparaient *sciemment* à leur longue et dégoûtante parade de quinze ans (1), un prince du sang parjure, des députés, des pairs pour la plupart pétrifiés de frayeur et qui devaient plus tard se proclamer les sauveurs de la patrie. Et tant d'autres traîtres au pays, à la Constitution et au Roi, troupe d'histrions éhontés qui depuis ont eu le courage de faire pompe *(sic)* de leurs masques et de leurs travestissements, ramas d'ambitieux frénétiques, déguisant sous les dehors du plus pur désintéressement une soif ardente d'argent, de dignités, de distinctions, d'honneurs (2).

Où en était le combat ? Qui l'emportait ? La nuit allait-elle suspendre ces scènes de

----

(1) On connaît l'aveu — si juste — de Lafitte à Béranger, après le triomphe de 1830 : « Quelle canaille, mon cher Béranger, quelle canaille que la plupart de nos amis de la comédie de 15 ans ! »

(2) « L'acte agressif en 1830 a été l'Adresse factieuse des 221. Les Ordonnances n'ont été qu'une riposte défensive. » — ÉMILE OLLIVIER. *L'Empire libéral.* I, 221.

carnage, ou bien ses ombres devaient-elles en favoriser de plus affreuses encore ? Que devenaient mes parents, mes amis au milieu de ce chaos ?...

Il faut songer que nous n'avions alors qu'un terme de comparaison, notre première révolution, et qu'il y avait bien dans ce rapprochement matière aux plus sombres réflexions. On n'avait pas encore l'idée d'une révolution de *sang-froid* dont les enjeux, du côté de certains coryphées, ne passaient pas la valeur d'une paire d'escarpins ou d'une course de cabriolet ; d'une révolution arrangée d'avance comme une pièce de théâtre par des acteurs consommés et finissant à point nommé comme quand le rideau tombe. Nous n'avions l'idée que du drame et non de la parodie (1).

---

(1) Lafitte disait le 28 juillet : « Nous touchons à un drame dont le dénouement sera la royauté du duc d'Orléans. »

« Les troupes firent des prisonniers dans la journée du 28 juillet. Tous étaient porteurs de cartes ou de signes de reconnaissance qui semblaient indiquer une organisation préparée depuis longtemps. Ces cartes triangulaires portaient d'un côté une signature, de l'autre une date remontant

Telles étaient donc les tristes idées qui m'occupaient l'esprit. J'allai me jeter sur mon lit, mais la chaleur, plus encore l'inquiétude et l'agitation, ne me permirent de fermer l'œil ni de rester couché. Je sortis vers minuit. Toujours ce sont des détonations. J'allai chez un de mes camarades. Il chargeait à balles des pistolets et un fusil de chasse, « afin, me dit-il, puisque nous allions être attaqués, qu'il fût au moins en état de vendre sa vie le plus cher possible ». Je le priai de s'expliquer. « Vous ne savez donc pas, ajouta-t-il, que nous sommes traqués ici comme des bêtes fauves, que Sèvres, Boulogne, Auteuil, Rueil, Nanterre, Saint-Germain sont en feu et rugissent autour de Saint-Cloud, n'attendant qu'un signal pour fondre sur le château ? Que Saint-Cloud lui-même n'est tranquille que

---

aux derniers mois de 1829 ou aux premiers mois de 1830, avec les inscriptions : « liberté, égalité fraternité. » — NETTEMENT. *Histoire de la Restauration*, VIII, 639.

Etudes politiques du prince de Polignac.

Journal de M. de Guernon-Ranville.

La Garde royale pendant les journées de 1830, pp. 58-59.

parce qu'il est maîtrisé par la présence
de notre faible garde ? Qu'on assure, enfin,
qu'une très forte colonne est déjà en marche
pour venir nous surprendre. Vous savez
dans ce cas ce à quoi nous devons nous
attendre. Rappelez-vous le 10 août d'autre-
fois. Il ne faut pas nous faire d'illusion.
Nous en aurons ici la répétition. Me compre-
nez-vous maintenant ? »

Il n'y avait rien à répondre. Je me remis
entre les mains de la Providence et descendis.
Je gagnai, avec bien de la peine, à cause
de la sévérité des sentinelles, le bivouac
des gardes du corps à pied. J'allai partager
la botte de paille de mon ami Hamel de la
Berquerie, officier dans ce beau corps (1).
On s'attendait tellement à une attaque
que les hommes étaient couchés tout équipés
et qu'on les avait avertis qu'ils devaient
être prêts au premier signal. Dans toutes
les directions, à toutes les distances, on
entendait les cris des sentinelles répondant
aux nombreuses patrouilles dirigées sur

(1) Avec le rang de lieutenant, il était « sergent
de deuxième classe ».

tous les abords du château, ou ceux qu'elles échangent entre elles la nuit pour se tenir éveillées. Ces cris lointains se croisant dans le silence de la nuit avaient quelque chose de mystérieux et de solennel qui faisait une grande impression.

Nous étions tout à fait sous le régime d'une place assiégée. Ces précautions s'expliquent doublement par la présence de la famille royale et par la position la plus difficile qu'on puisse imaginer pour une défense possible sur tous les autres points que du côté de la Seine. Le château est tellement enveloppé de bois sur trois de ses faces au moins, qu'il n'y a qu'une allée à traverser pour y entrer, des appartements du Roi particulièrement.

Je restai là assez longtemps. Le canon cessa de 1 heure à 3 heures du matin. Après quoi, il recommença comme la veille accompagné du bourdonnement sourd et lugubre de la grosse cloche de la cathédrale sur laquelle on sonnait le tocsin.

Le mercredi s'était passé à Paris en combats partiels, mais très vifs et très acharnés. Le peuple s'était emparé des vivres de la guerre en sorte que les troupes, ne pouvaient plus recevoir ni pain ni aucune espèce d'aliments. Les soldats pouvaient à peine, à prix d'argent, se procurer un verre d'eau pour étancher la soif qui les dévorait (1).

Je ne puis résister au plaisir de donner sur la prise des magasins des vivres de la guerre, des détails que je tiens de première source.

Ma mère habitait rue du Cherche-Midi (2), une maison contiguë à cet établissement. Le rez-de-chaussée de cette maison était occupé par une belle boutique d'épicerie tenue par un jeune homme, veuf, fort tranquille et sa sœur. Je ne sais pour quelle

---

(1) « Un assez grand nombre de bourgeois qu'on avait laissés se mêler parmi les soldats, étaient entrés en pourparlers avec eux et leur faisaient même distribuer de l'eau-de-vie et du vin. Je fis appeler le colonel d'un de ces régiments. Celui-ci me répondit qu'il reconnaissait la justesse de mon observation, mais qu'il ne savait comment interdire à des hommes qui, depuis la veille, n'avaient ni mangé ni bu, la faculté de profiter de l'offre de ces bourgeois. » Baron d'HAUSSEZ, *Mémoires*, II, 256.

(2) 34, rue du Cherche-Midi.

raison le général Boinot, qui commandait les vivres, lui avait depuis quelque temps ôté sa pratique. L'épicier lui en conservait rancune.

La révolution lui mit en tête l'idée de s'en venger ; et, saisissant l'occasion d'un petit rassemblement inoffensif qui s'était formé devant le bâtiment des vivres, il s'arma d'une hache et alla enfoncer la porte aux applaudissements de quelques misérables réunis là, mais aux cris de réprobation de tous les voisins qui estimaient le général et connaissaient d'ailleurs le fond de l'héroïsme de l'assaillant. Cependant, les quelques pauvres vétérans qui formaient la garde ordinaire des vivres ne songèrent même pas à résister à l'envahissement et à l'occupation de l'établissement. La porte une fois tombée sous les coups de hache de l'épicier, celui-ci avait atteint son but, en faisant passer la femme et la fille du vieux commandant par quelques moments de la plus cruelle anxiété.

Revenu chez lui, M. Durand (1) ne savait

-----

(1) L'épicier.

plus à qui entendre ni à qui répondre. Sa sœur et quelques braves femmes, bien alanguées du quartier, s'étant établies, en l'attendant, dans la cour et sous la porte. Dès qu'il y posa le pied, elles firent fondre sur lui un tel déluge de reproches, qu'après avoir essayé de continuer quelques moments avec elles sur le ton de bravache qu'il avait pris dans la rue, l'héroïque champion de la liberté alla se cacher tout confus dans son arrière-boutique. Le bruit de son exploit ayant bientôt couru les environs, une partie de ses pratiques le quitta et celles qui savaient, comme nous, que ce n'était de sa part qu'un méchant coup de tête, dont il ne tarda pas à éprouver le plus grand regret, se contentèrent de le tancer. Jusqu'ici, il n'a encore ni la croix de Juillet ni même la croix d'honneur. Mais, patience !

Les ministres, dans la journée, s'étaient établis aux Tuileries où ils passèrent la nuit et d'où ils communiquaient avec le maréchal. C'est alors que le ministre des finances délivra, après délibération du Conseil, 400.000 francs, accordés par le Roi aux troupes *pour qu'elles pussent se procurer elles-*

mêmes les subsistances nécessaires, qu'on n'était plus dans la possibilité de leur distribuer. Cet ordre de M. le comte de Montbel n'ayant pu être ordonnancé par l'agent chargé de cela au ministère de la guerre, faute de communication avec ce ministère, demeura imparfait et valut au ministre un procès dont le résultat fut la répétition sur ses propres biens de cette somme entière (1).

La garnison engagée partiellement dans les rues, par une tactique dont on trouvait les détails imprimés sur presque tous ceux qu'on arrêtait, et dont le général en chef n'eût pas dû être la dupe, avait éprouvé des pertes énormes. On commençait à s'apercevoir que grâce à cette tactique, le combat lui était toujours désavantageux et très meurtrier. On attirait une compagnie ou un détachement dans une rue au bout de laquelle était une barricade ; dès qu'il y était engagé on dressait une autre bar-

______

(1) Quoique la délivrance et l'objet de la délivrance de cette somme fussent demeurés incontestables (Note d'Edmond Marc).

ricade derrière lui ; les portes s'ouvraient pour recueillir ceux qui l'avaient ainsi attiré par une apparence de résistance et une feinte retraite ; alors commençait contre lui un feu horrible des deux extrémités de la rue, de toutes les fenêtres, d'où pleuvaient, en outre, des meubles et des pavés ; des toits et jusque des soupiraux de caves.

Les ministres parlèrent au maréchal de faire employer la mitraille parce qu'on rapportait que les insurgés faisaient assez bonne contenance devant le canon, qui n'avait encore tiré qu'à boulet et dont même, m'a-t-on assuré, bien des coups avaient été tirés à blanc (1). Le maréchal répondit que le boulet faisait beaucoup d'effet, parce qu'il pénétrait davantage ; il semble pourtant que la mitraille atteignant

---

(1) Des Anglais de ma connaissance m'ont répété ce que leur avait affirmé un vieil officier de leur nation, sous les fenêtres duquel il fut tiré une assez grande quantité de coups. Il disait qu'au seul bruit il était facile à une oreille exercée de juger les coups chargés à blanc. (Note d'Edmond Marc.)

sur une plus grande surface devait avoir un résultat plus efficace dans la circonstance en jetant le désordre et l'effroi dans les premiers rangs, les seuls qui agissent directement, et ordinairement aussi ceux où se placent les chefs et les plus furieux.

Une autre fois, en présence de M. de Sémonville (1) et consorts (voir la déposition du grand référendaire auprès des ministres) un officier d'artillerie, entrant pour lui demander à la hâte la permission d'employer la mitraille dans la rue Saint-Nicaise où le peuple, devenu de plus en plus audacieux, menaçait de s'emparer des pièces, M. le duc de Raguse, à cette seule proposition, s'emporta et témoigna hautement son indignation de ce qu'on vînt lui parler d'employer contre le peuple déjà si maltraité,

____

(1) Le marquis de Semonville (1754-1839), conseiller aux enquêtes, sous Louis XVI, chargé de missions sous la République, conseiller d'État, ambassadeur et sénateur sous Napoléon, pair de France sous Louis XVIII, créé grand référendaire à la Chambre des Pairs, il tint, pendant les journées de Juillet, la conduite la plus équivoque ; Baron d'HAUSSEZ. *Mémoires*, II, 268.

des moyens *encore plus meurtriers* que
ceux dont on avait usé jusque-là. Il refusa
donc cette permission.

C'est toujours sans doute d'après ces prin-
cipes philanthropiques, si peu d'ailleurs d'accord avec le langage qu'il tenait peu auparavant aux ministres, que le maréchal, qui avait
à sa disposition à Vincennes (c'est-à-dire
à une demi-poste de Paris), une trentaine
de pièces de canon de l'artillerie de la garde
avec toutes les munitions imaginables en
quantité (1), n'employa contre l'insurrection
qu'une seule batterie (8 pièces) ; quant aux
troupes, il est demeuré démontré par le
dépôt de paquets de cartouches prises
sur des soldats, qu'il leur en avait été
délivré qui ne portaient pas de balles.
Dans les commencements de l'engagement
le maréchal avait enjoint de ne faire usage
des armes qu'après des provocations maté-
rielles et bien constatées et de ne tirer

____

(1) « J'avais beaucoup d'artillerie à Vincennes.
La difficulté de traverser Paris m'avait empêché
d'en disposer. » *Mémoires* du DUC DE RAGUSE,
VIII, 256.

qu'après avoir reçu plusieurs coups de fusil. On ne pouvait, certes, pousser plus loin les ménagements pour les rebelles !

On s'aperçut donc beaucoup trop tard que ce genre de combat n'était plus tenable et l'on songea à faire ce que le maréchal Victor avait conseillé dès le principe : à prendre les positions de défensive, en attendant des forces suffisantes pour reprendre l'offensive avec avantage. Le Louvre fut confié aux Suisses qui s'y enfermèrent et s'y défendirent vaillament ; mais ils l'évacuèrent bientôt sur un ordre *formel* et les révoltés, *seulement alors* s'en emparèrent. La garde se concentra aux Tuileries et dans le Carrousel. Il y avait déjà assez longtemps que plusieurs régiments de la ligne, le 15e léger entre autres, avaient refusé de prendre part au combat et laissaient les rebelles traverser leurs rangs pour tirer sur la garde. Il n'y avait pas en tout 5.000 hommes de troupes combattantes (1) avec huit pièces de canon·

----

(1) « L'insuffisance du nombre des troupes était évidente », dit le duc de Raguse (VIII, 248)

Dans la nuit du mercredi au jeudi, on avait enfin expédié l'ordre à Vincennes d'amener en toute hâte les batteries de la garde et aux troupes des camps de Lunéville et de Saint-Omer (1) d'accourir sur Paris — mais il n'était plus temps.

---

qui donne les emplacements qu'il assigna à ses colonnes, et (p. 268) l'état des forces dont il pouvait disposer.

« On a évalué leurs adversaires à environ 40.000 ; il faut encore tenir compte de cette observation : Le moindre ordre ne pouvait être expédié que par le moyen d'un détachement ; une ordonnance isolée était tuée ou prise avant d'avoir fait deux cents pas.

« On a aussi fait cette remarque qu'il y eut à peu près quatre cents morts dans les trois journées, mais pas un député, ni un électeur, ni un journaliste, ni un fonctionnaire public, ni un avocat, ni un banquier, ni enfin personne de ceux qui avaient le plus poussé à l'insurrection. » (Note d'Edmond Marc).

(1) Les plaines autour de Saint-Omer offraient de vastes terrains de manœuvre aux troupes réunies là périodiquement.

Jeudi 29 juillet 1830.

Tel était l'état des choses lorsque les
ministres (1) quittèrent les Tuileries le
jeudi matin pour se rendre à Saint-Cloud
où le Roi leur avait donné l'ordre de
venir.

A peine étaient-ils sortis du château, à
peine les Suisses parurent-ils, obéissant
à cet ordre inconcevable qui leur prescrivait
une retraite que le reste des troupes prit
pour une déroute, que le désordre se mit
dans les rangs, le découragement s'empara
de tous ; la place et la cour du Carrousel
étaient encombrées de troupes ; l'arrivée

---

(1) Le baron d'Haussez, ministre de la marine,
partit le premier à cheval ; le prince de Polignac,
M. de Chantelauze, M. de Peyronnet, M. de Guernon-Ranville, M. de Montbel, dans des voitures
accompagnées d'un piquet de cavalerie.

précipitée des Suisses y commença la confusion et ne rendit que plus difficile un développement de défense pour lequel le peu d'espace était déjà un grand obstacle. Les rebelles profitèrent habilement de cet accident et se ruèrent sur la place; ce fut alors un engagement général, un combat terrible d'homme à homme au milieu d'un sauve-qui-peut universel. On juge ce que put être cette débandade d'infanterie, de cavalerie, d'artillerie se précipitant à la fois et pêle-mêle à la grille du milieu et au passage du pavillon de l'Horloge, issue si étroite pour une pareille foule.

Dans le jardin, la voix des officiers reprit son empire et l'on se reforma sous le feu qui commençait des fenêtres du château, dont les révoltés étaient maîtres. On riposta quelque temps et un seul coup de canon fut tiré qui mit en pièces une des colonnes extérieures de la salle de spectacle. Enfin commença une retraite en règle.

Je me promenais le matin dans l'avenue de Saint-Cloud, lorsque je vis arriver, tout couverts de poussière, avec un petit paquet sous le bras, deux valets de pied de

Madame la Dauphine (1) dont l'éloignement, sans aucune espèce de nouvelles, ajoutait encore aux alarmes de la famille royale. On espéra que ces gens allaient apprendre son arrivée prochaine et on les entoura. Ils racontèrent qu'ils avaient quitté S. A. R. avant qu'on ait encore rien appris des événements de Paris, qu'ils étaient arrivés sur un fourgon qu'ils avaient été chargés de ramener, lorsqu'à la barrière on les avait arrêtés, en leur intimant l'ordre de prendre ce qui leur appartenait et de se sauver au plus vite ; tout ce qu'ils avaient pu faire ou dire n'avait pu empêcher que l'on se jetât avec une brutalité dégoûtante sur les caisses, que l'on enfonça et d'où l'on tira tout ce qu'elles contenaient. C'étaient des robes, des chapeaux, des habits de Madame la Dauphine. Toute la toilette de cette princesse fut exposée sous les arbres ou au milieu de la route où elle fut bientôt pillée, vendue et revendue, pièce à pièce et pour rien.

----

(1) La duchesse d'Angoulême était aux eaux de Vichy.

L'arrivée de ces domestiques, dont on attendait quelque soulagement à l'inquiétude trop bien fondée qu'on éprouvait, ne fit donc que l'augmenter.

Vers 9 heures parut, au milieu d'un fort détachement de lanciers, le pistolet au poing et la lance en arrêt, un fourgon sur lequel je reconnus M. Alphonse de la Bouil leric. C'étaient tous les diamants de l couronne qu'il avait eu la présence d'espri d'emballer tant que bien que mal avec son valet de chambre et qu'il venait mettre à la disposition du Roi. Derrière lui, j'aperçus à ma grande joie, Arnaud de la Porte (1) et son excellent père qui descendaient d'une calèche. Ceux-là au moins étaient hors de cet épouvantable chaos. Je courus à eux. Ils avaient quitté les Tuileries au moment de l'assaut et me firent entendre qu'ils craignaient bien que cette terrible lutte ne se terminât pas à Paris. M. de la

______

(1) Auditeur au Conseil d'État, fils de M. de la Porte-Lalanne, conseiller d'État. — Ils demeuraient place du Carrousel, galerie neuve des Tuileries.

Porte, cependant, envisageait les choses avec plus de confiance que son fils.

Je mis mon petit appartement du château à leur disposition et ils allèrent plus tard s'y reposer. Le soir, ils partirent pour Saint-Germain où ils avaient des parents. La peinture qu'ils me firent de l'état de Paris n'était pas pour me rassurer sur le sort des personnes qui m'étaient chères et qui s'y trouvaient,

Enfin, vers 11 heures, arrivèrent, au milieu d'une escorte semblable, les ministres, couverts de poussière, et dans des costumes qui les rendaient presque méconnaissables. Les uns étaient en tilbury, les autres en calèche.

Ils entrèrent de suite chez le Roi, auquel ils firent leur rapport. Sa Majesté s'occupa sur-le-champ avec eux de l'organisation de la défense.

A plusieurs reprises, M. le Dauphin supplia le Roi de permettre qu'il allât se mettre à la tête de la garde. Il avait déjà déclaré « que si ce jour devait être le dernier de la dynastie, c'était les armes à la main qu'elle devait périr ».

Il paraît que le Roi ne pouvait se résoudre à envoyer son fils à une mort presque certaine. Mais dans cette circonstance, n'y avait-il pas une raison suprême, absolue, à laquelle l'amour paternel même devait céder ?

Enfin, vers 1 heure, il est convenu qu'il ira le premier au-devant de cette mort glorieuse qu'il ambitionnait. M. de Montbel doit l'accompagner pour donner les ordres relatifs aux finances. Deux chevaux les attendent au bas de l'escalier de la pièce d'eau.

M. le Dauphin était sorti du cabinet du Roi, dont il venait de prendre congé ; il courait plutôt qu'il ne marchait et commençait à descendre, lorsque je vois sortir Sa Majesté comme si Elle eût encore quelque chose à dire au prince. Je rappelle M. le Dauphin. Il revient sur ses pas et rencontre le Roi au haut de l'escalier. Celui-ci ne prononce pas une parole, mais on pouvait lire sur tous ses traits les déchirements de son cœur. Il avait voulu revoir encore une fois le seul fils que lui eût épargné le poignard révolutionnaire qui allait peut-être aussi le frapper à son tour (1). M. le Dauphin porte à ses lèvres cette main vénérable que le Roi lui présente et la baise avec respect, puis lui faisant une profonde révérence il descend l'escalier. La solennité de cette scène muette me fit une impression que je n'oublierai de ma vie.

Le Roi rentra lentement dans ses appartements. A peine le prince, son fils, mettait-il le pied à l'étrier, qu'un aide de camp du duc de Raguse se présente. Il annonce que la garde, notablement réduite, presque entièrement abandonnée par la ligne (2), exténuée de chaleur, de soif et de faim, sur le point de succomber aux fatigues

____

(1) Il a été avoué dernièrement par un ancien initié que le but constant du carbonarisme en France pendant la Restauration, avait été un changement de gouvernement au moyen de l'extinction totale des mâles de la branche aînée. On avait habilement commencé par le duc de Berry. (Note d'Edmond Marc.)

(2) Les régiments qui passèrent à l'insurrection dans les journées de juillet furent au nombre de neuf. Le 53e et le 5e de ligne donnèrent les premiers ce funeste exemple.

inouïes d'un combat meurtrier de cinquante heures, avait évacué les Tuileries dans le désespoir d'une inutile défense, et afin de conserver assez de force pour pouvoir gagner Saint-Cloud, sur lequel elle effectuait sa retraite aussi bien que possible, mais toujours en se battant. Paris était entièrement au pouvoir des rebelles, qui avaient déjà organisé un gouvernement provisoire. En effet, la canonnade venait de cesser.

M. de Montbel resta au château et M. le Dauphin partit seul avec un aide de camp. Peu après son départ, arriva à cheval le maréchal commandant en chef, avec son état-major. Tout était fini.

M. le Dauphin le suivit de près. Il avait rencontré l'avant-garde dans le bois de Boulogne. Il fut nommé, en rentrant, généralissime.

Dans la nuit du mercredi au jeudi, le Roi ayant appris que malgré les fonds qu'il avait fait distribuer aux troupes, elles avaient encore beaucoup de peine à se procurer des vivres, avait ordonné que l'on transformât toutes les cuisines du château en fours et qu'on y confectionnât du pain

sans relâche. On put ainsi en expédier dès
le matin plusieurs fourgons avec un officier
de la bouche. Mais les barrières étant déjà
au pouvoir des rebelles, plusieurs furent
saisis et les autres ne purent que revenir
à Saint-Cloud.

Le maréchal n'étant parti que fort tard,
avait été obligé de se faire jour l'épée et
le pistolet au poing à travers la populace
armée, pour gagner les Champs-Elysées,
Un jeune homme s'étant précipité sur lui,
au Carrousel, lui tira à bout portant un
coup de pistolet qui heureusement ne fit
pas feu. L'assassin, sans se sauver, témoigna
sur la place même sa rage de l'avoir manqué ;
et comme le maréchal ordonnait de le
fusiller sur-le-champ, l'homme lui dit :
« Un instant. J'aurai deux mots à écrire
à ma mère. Faites-moi conduire au premier
corps de garde ; ce ne sera pas long. »
Touché de tant de sang-froid et de ce dernier
trait de tendresse filiale, le maréchal donna
l'ordre qu'on le laissât échapper (1). Plus

____

(1) Le récit du maréchal est différent : « Les
Parisiens pénètrent dans la cour de l'Horloge et

tard, un officier ayant été tué près de lui, on nous rapporta qu'il dit : « Pourquoi n'est-ce pas plutôt moi que ce coup a frappé ? »

Vers 3 heures, l'après-midi, comme je sortais de chez le Roi, mon service étant fini pour ce jour-là, je montai chez Mme Le Gros. A l'aide de son télescope, je distinguai très bien le drapeau rouge qui flottait sur les Tuileries, et celui noir et rouge qu'on avait arboré pendant le combat sur la colonne de la place Vendôme, en signe de guerre à mort. Les télégraphes ne marchaient pas encore ; on sait que le prince de Polignac les avait fait briser tous avant de partir et que d'ailleurs presque tous les employés des lignes refusèrent de contribuer à répandre par cette voie les nouvelles des succès de la révolution.

Des détonations plus rapprochées et un nuage de poussière qui s'avançait,

---

l'un d'eux tombe percé d'une balle, au moment où, arrivé à dix pas, il venait de tirer sur moi. Je les fais charger par quatre officiers qui m'accompagnaient et ils sont chassés. » *Mémoires.* VIII, 203.

toujours grossissant au milieu du bois de Boulogne, nous apprirent que la tête de la colonne approchait et qu'elle ne traversait pas un pays ami. Nous la vîmes bientôt déboucher dans la route sur laquelle nous plongions, et sortir du bois. — Je descendis à la hâte et courus tout ému vers le pont.

Un régiment d'infanterie de la garde, passablement décimé, ouvrait la marche, et était suivi de la cavalerie, des grenadiers de la garde, des lanciers, etc... Puis venaient les huit pièces de canon, puis ce qui restait d'un des plus beaux corps de l'armée : la gendarmerie de Paris, puis la gendarmerie des chasses (troupe d'élite); enfin, au centre, étaient plusieurs voitures de blessés. Celles-ci furent aussitôt amenées à l'ombre dans l'avenue, tandis que les troupes se portèrent dans le bas du parc sous le château.

Je ne saurai jamais rendre l'impression que me fit le spectacle que j'avais devant les yeux. Tout ce qui n'était pas retenu au château par le service, était là, contemplant avec admiration et respect ces héros victimes d'une fidélité qui leur avait fait compter pour rien et la disproportion inouïe des forces et les avantages immenses de leurs ennemis, et la plus meurtrière comme la plus inégale des luttes, et une chaleur excessive, et la faim et la soif pendant un combat continuel de plus de deux journées. Ils avaient résisté à toutes séductions, même à la plus irrésistible de toutes : celle de l'exemple.

Réjouissez-vous, soldats, dignes successeurs de la plus belle milice du monde ; une seule gloire manquait encore à tant de constance et de courage, et elle ne s'est pas fait attendre : les lâches histrions que, pendant le combat, vous faisiez trembler jusqu'au fond de leurs caves, n'en sont sortis, après la victoire, que pour insulter à votre fidélité malheureuse ; ils ont voulu transformer en crimes et en trahisons les vertus dont vous avez brillé pendant ces jours mémorables. Plus tard, ils essayeront, les hypocrites, de vous réhabiliter et ne feront que vous salir de leurs éloges. Que vous importe ? Ces heures si glorieuses de votre vie, ne leur ont jamais appartenu, déjà elles sont entrées, pures et brillantes, dans un sanctuaire inaccessible à la calomnie. Qu'elles attendent là le jour où le monde sera digne de les juger ; que, déjà, affra... hies du présent, elles se reposent dans l'avenir, patrie de toute gloire véritablement pure et solide ; qu'elles y attendent la voix qui n'a jamais faibli ; alors elles apparaîtront sans tache et revêtues de tout l'éclat du vrai mérite ; alors, nos monuments, l'orgueil et l'admiration de nos fils, les pages même de l'histoire où seront flétris les noms de ceux qui, aujourd'hui, vous dénigrent, — se chargeront d'assurer à votre fidélité inébranlable, à votre courage, une glorieuse immortalité.

Cette retraite offrait une foule de traits qui tiraient les larmes des yeux. Tout le monde s'empressa d'aider à descendre et à transporter les blessés, au nombre desquels étaient plusieurs officiers. Il y en avait qui paraissaient à moitié morts. Les gardes du corps, les officiers de la Maison se pressaient aux grilles et dans les avenues du parc pour s'emparer des officiers à mesure qu'ils arrivaient et les emmener chez eux prendre la nourriture ou les rafraîchissements dont ils avaient tant de besoin. Les soldats, mourant de soif, se mettaient à plat ventre au bord de la Seine pour y boire ; d'autres cherchaient de l'eau dans le creux des pierres ou des arbres ; chez d'autres enfin, la fatigue anéantissait tout sentiment. Il semblait que la vie cessât avec le mouvement et ils tombaient épuisés partout où ils trouvaient un peu d'ombre. Des bandages autour d'un membre ou à la tête, des traces de sang sur leurs pantalons blancs, attestaient que beaucoup avaient été blessés.

Il ne revint pas plus de 300 gendarmes sur 1.500 hommes dont se composait ce corps (1). La plupart avaient été faits prisonniers, sans pouvoir se battre, dans les établissements dont ils avaient la garde. Ce qui en revint était d'une bizarrerie tout à fait singulière : l'un portait une veste d'ouvrier, l'autre un habit bourgeois, l'autre une capote ; il y avait des pantalons de toutes les couleurs ; des bonnets de police, des chapeaux à cornes, des casquettes ;

____

(1) Dans ses *Études historiques*, le prince de Polignac indique le caiffre de 700 pour l'effectif de la gendarmerie d'élite et municipale. — Elle était commandée par le colonel baron d'André.

quant aux armes elles n'étaient pas mieux assorties. L'un d'eux, avec qui je causais longtemps, m'expliqua cela. Ceux qui avaient été faits prisonniers s'étaient procuré des déguisements pour sortir, et tout ce qui leur était tombé sous la main avait été bon (1). Ce vieux soldat me disait, avec une espèce de rage concentrée, qu'il n'avait jamais fait une guerre plus *ingrate*. Du reste, « nous avons été trahis », était le cri universel.

Le fait est qu'ils avaient été abandonnés par une partie de la ligne, par le 15e léger notamment, qui s'est fort mal conduit, au rapport de tous, dans cette affaire.

Je me rappellerai toujours un brigadier des grenadiers à cheval, qu'un garde du corps reconnut en montant l'avenue : « Eh bien, lui dit-il, il a fait chaud là-bas ; tu dois être bien fatigué, mon vieux. » — « C'est vrai, je n'ai pas mis pied à terre

---

(1) Puis, dans l'action, on avait quelquefois perdu son arme ou sa coiffure et on reprenait les premières qui se présentaient, pour les remplacer. (Note d'Edmond Marc.)

depuis hier, à cette heure-ci. C'est égal, on n'a qu'à me donner une bouteille de vin avec une croûte ; qu'on change mon cheval et j'y retourne tout de suite. »

Il fallait entendre ces exclamations, ces expressions énergiques inspirées par le ressentiment, l'humiliation et le désir de la vengeance à ces soldats qui avaient fait tout ce qu'il était humainement possible de faire. Ils espéraient que leurs ennemis sortiraient de Paris, et viendraient en plaine se mesurer contre eux avec des avantages égaux sinon de nombre (ils n'en tenaient pas compte) au moins de terrain et de position : C'était là le vœu unanime. Il fallait entendre les gardes du corps se plaindre de ce qu'ils n'avaient jamais l'occasion de se montrer, envier le sort de leurs compagnons d'armes et appeler de tous leurs désirs une sortie des Parisiens sur Saint-Cloud, pour avoir une occasion de prouver à la garde qu'ils étaient bon à autre chose qu'à faire faction dans une anti-chambre. Quel concert digne des uns et des autres ! Quelle émulation, quel enthou-siasme, quelle confiance ! Comment ne se trouvait-il pas là un prince pour accueillir ces nobles élans, ces protestations si vives de dévouement, pour soutenir des courages encore si exaltés, par sa présence, par quelques témoignages de reconnaissance et de sympathie, par quelques-uns de ces mots qui font souhaiter de mourir pour celui qui les prononce. Cette réflexion me causa une peine bien vive... J'ajoute; je crois qu'on était au Conseil.

Toute la petite armée campa dans les avenues qui servent de passage entre Sèvres et Saint-Cloud, appuyant ses deux ailes aux deux ponts occupés par une forte garde, avec des avant-postes sur les routes qui y conduisent.

A la suite arrivèrent les vingt hommes qui avaient été laissés à l'hôtel des gardes à pied, où était la caisse du corps, rue Neuve du Luxembourg, ils racontaient qu'ils avaient défendu leur dépôt jusqu'à l'extrémité, mais qu'à la fin, n'apercevant plus aucune chance de salut, ils s'étaient fait jour avec le sabre et la baïonnette à travers le rassemblement qui les assiégeait et avaient eu le bonheur de ne pas perdre un seul homme (1). Ils vinrent au milieu des leurs, qui les embrassèrent et leur procurèrent ce dont ils avaient besoin, avec empressement et une cordialité vraiment touchante. Plusieurs, en se déshabillant, tendaient en l'air leurs capotes et faisaient remarquer en riant les trous qu'y avaient fait les balles.

Un régiment de cuirassiers arriva peu de temps après. Ils venaient de Beauvais et n'avaient pas quitté la selle depuis vingt-quatre heures, Ils étaient souillés de sueur et de poussière (2).

Je remontai au château. En traversant le salon de Mars, je vis venir tous les ministres en habit noir et l'air très préoccupés. Ils étaient suivis de M. le duc de Mortemart, en uniforme de lieutenant général (3).

---

(1) Plus tard ces faits m'ont été racontés d'une manière moins flatteuse pour ces gardes. (Note d'Edmond Marc.)

(2) Le 2ᵉ cuirassiers, colonel baron de Saint-Perriès. Ils arrivaient du camp de Saint-Omer.

(3) Casimir Louis Victurnien de Rochechouart, prince de Tonnay-Charente, duc de Mortemart (1787-1875), après avoir servi sous l'Empire fut, en 1814, nommé pair de France et commandant des Cent Suisses ; suivit Louis XVIII à Gand ;

Les premiers venaient de donner leur démission et ce dernier était nommé président du Conseil, Gérard à la guerre (1), etc...

MM. de Girardin (2) et de Semonville venaient d'être envoyés à Paris pour négo-

---

en 1828 fut envoyé comme ambassadeur à Saint-Pétersbourg. Il eut, en 1830, un rôle de confiance très délicat auprès du duc d'Orléans et de la Chambre des pairs, et sa lenteur à l'accomplir ne lui fit pas grand honneur. « Sa mission l'effraya ; il n'aurait pas dû l'accepter. Son absence perdit tout. » NETTEMENT, *Histoire de la Restauration*. VIII, 670.

Voir aussi sur ce grave incident les *Mémoires pour servir à l'histoire de la Révolution de* 1830, par Alexandre Mazas (secrétaire de M. de Mortemart).

Les *Mémoires* du général d'ANDIGNÉ, II, 326.

Les *Mémoires* du chancelier PASQUIER, VI, 284.

Les *Mémoires* de la duchesse de GONTAUT, p. 330.

Les *Mémoires* du baron d'HAUSSEZ, II, 277.

(1) Le comte Gérard fit toutes les guerres de la Révolution et de l'Empire, se distingua à Wagram et à la Moskova ; député de l'opposition pendant la Restauration ; reçut le portefeuille de la guerre en août 1830 ; prit Anvers en 1832 ; grand chancelier de la Légion d'honneur ; maréchal de France.

(2) Comte Alexandre de Girardin (1776-1855). Général de division, capitaine des chasses à tir sous Napoléon. Louis XVIII le créa premier veneur.

cier avec le gouvernement provisoire (1).

Le fameux « Il n'est plus temps » (2) ne revint à Saint-Cloud que le lendemain fort tard, parce qu'on avait toujours évité de donner une réponse catégorique tant qu'on n'avait pas obtenu l'entière défection de la ligne.

Je n'ai pas besoin de dire que le dîner fut triste et silencieux encore plus que le premier. Nous n'obtînmes pas plus de nouvelles ce jour-là que la veille (3). Il est vrai qu'on disait aussi que le Roi lui-même n'en recevait aucune. L'inquiétude allait donc

----

(1) Jacques Lafitte, Casimir-Périer, général Lobau, Mauguin, de Schonen, Audry de Puyraveau.

(2) M. de Sussy, pair de France, se rendit à l'Hôtel de ville, le 30 juillet, de la part de M. de Mortemart, pour annoncer le retrait des Ordonnances et la nomination de nouveaux ministres. La Fayette fit la réponse restée célèbre : « Hier il eût été temps, aujourd'hui, il est trop tard. » — Le sobriquet en resta au duc de Mortemart.

(3) Loin de pouvoir jamais obtenir une nouvelle un peu raisonnable de Paris ou des environs, on ignorait quelquefois tellement ce qui se passait au château même, qu'un officier m'assura positivement, dans la Cour même de l'intérieur, que le Roi était parti pour Com-

toujours croissant et on ne pouvait jouir d'un seul moment de calme. Nous n'avions, pour nous rafraîchir le sang, que les récits des officiers sur les scènes dont ils avaient été témoins dans les rues de Paris.

La nuit, je ne fis que me promener, la chaleur et l'anxiété ne me permettant pas de rester un instant tranquille sur mon lit.

---

piègne. On le lui avait si bien dit et persuadé, que j'eus toutes les peines du monde à le tirer de son erreur, en lui affirmant que je venais de quitter Sa Majesté et qu'Elle était encore au château comme lui et moi. — (Note d'Edmond Marc.)

Vendredi 30 juillet 1830.

Le vendredi matin, nous apprîmes que le Roi avait envoyé demander à l'Ecole militaise de Saint-Cyr les huit pièces de canon qui servent à l'instruction des élèves. Quand ceux-ci connurent le but du message, ils se réunirent et jurèrent qu'on les tuerait jusqu'au dernier avant de leur enlever leurs pièces. Cette résolution généreuse fut aussitôt accueillie par les cris : « A Saint-Cloud ! A Saint-Cloud ! » — Toutes les remontrances, tout le déploiement d'autorité des chefs ne purent arrêter cet élan (1). De peur de surprise, la moitié de l'Ecole s'arma et prit

----

(1) L'École royale militaire de Saint-Cyr, commandée par le prince de Broglie-Revel, maréchal de camp, comprenait un peu plus de trois cents élèves.

la garde de la batterie, tandis que l'autre courut mettre la grande tenue. Celle-ci revenue au poste, ce fut le tour de l'autre. Quand tout fut prêt, on ne put pas trouver de chevaux assez vite, on s'attela donc aux pièces, et on était déjà avancé sur la route, quand on rencontra les chevaux qui venaient de Saint-Cloud les chercher.

— D'autres m'ont raconté que c'étaient les élèves qui spontanément avaient fait demander au Roi la permission de venir le défendre.

Ils arrivèrent le vendredi matin, ces braves de 15 à 18 ans, en dignes jeunes gens dont la fidélité forme un si beau contraste avec la conduite d'une autre Ecole que les avantages dont elle jouissait, que la sollicitude toute particulière dont elle était l'objet de la part du gouvernement royal, que mille raisons enfin, ne fût-ce que le respect pour la discipline, l'un des premiers devoirs militaires, auraient dû assurer à la cause du Roi, dans les jours du danger, et qui n'a contribué qu'au triomphe de ses ennemis. Je me hâte au reste d'ajouter que ce n'est que la minorité de l'École Polytechnique qui a donné cet exemple d'ingratitude et d'oubli de ses devoirs.

Les élèves de Saint-Cyr, au nombre je crois de 300, entrèrent par la grille de Ville-d'Avray, le sac au dos, le fusil au bras et entourant leurs pièces dans le meilleur ordre. Ils se mirent en bataille le long de la charmille entre la grille et le bassin, sous les fenêtres de M. le Dauphin.

Ils s'étaient annoncés par des cris de : « Vive le Roi ! » qui retentissaient comme un tonnerre dans le château. Le Roi et les Princes ne se firent pas attendre. Ils accoururent au-devant de cette brave et loyale jeunesse. M. le Dauphin tenait M. le duc de Bordeaux par la main. Madame conduisait Mademoiselle. — Comment rendre l'effet d'une pareille revue ?

Aussitôt après la retraite de Sa Majesté, tous s'engagèrent par serment à périr jusqu'au dernier plutôt que de jamais se rendre. Alors, ils s'empressèrent d'aller occuper les postes qu'on leur assigna. Deux pièces entre autres, dont l'une était servie par deux jeunes gens de ma connaissance, MM. Ponsard, furent mises en batterie au pont de Sèvres. Il en resta deux à la grille de Ville-d'Avray. Ceux qui n'étaient pas de service avaient pour quartier l'orangerie. Ils partageaient les privations des autres corps réunis à Saint-Cloud. Des explosions de cris de « Vive le Roi ! » qui résonnaient de temps en temps dans le Palais, attestaient que rien n'ébranlait leur fidélité.

Un canonnier de la garde me disait, en les regardant avec une sorte de respect : « Il n'y en a pas beaucoup chez nous pour *faire la queue* à ces petits farceurs-là ; c'est presque tous des artilleurs *finis ;* je les ai bien vu travailler au Champ de Mars, à la revue. C'est pourtant drôle, si jeunes que ça. »

Pour moi, combien de fois, les regardant avec orgueil, j'ai soupiré après le bonheur d'être admis dans leurs rangs, au lieu d'être confiné entre quatre murs, sans autre perspective que d'assister d'une fenêtre à la lutte, s'il y en avait une, sans y pouvoir prendre la moindre part. Dieu sait ce que j'aurais payé cette faveur.

Vers 9 heures, je descendis à la salle à

manger (1), pour écrire une lettre, afin d'essayer de donner de mes nouvelles quelque part (2). A peine y étais-je entré que cinq coups de fusil tirés sous les fenêtres causèrent tout d'un coup dans le château une certaine agitation. Comme je n'étais pas de service, en un instant je fus dans la cour. Je traversai par le vestibule de M. le Dauphin et je vis, de dessus le perron, les charmilles qui couronnent la grande cascade, battues en tous sens par des soldats de toutes armes, la plupart en bras de chemise et nu-tête. — Voici le fait :

La garde, en accomplissant sa retraite, avait arrêté dans le bois de Boulogne un homme qui était déjà parvenu à surprendre

---

(1) Notre poste étant toujours la pièce précédant immédiatement le Cabinet du Roi, cette pièce, à Saint-Cloud, était près des appartements de M. le Dauphin, la salle à manger. C'est donc là que nous nous tenions, de ce côté. (Note d'Edmond Marc.)

(2) A sa mère, soit qu'elle fut alors dans son domicile parisien, rue du Cherche-Midi, soit plus vraisemblablement à cette époque de l'année, en Normandie, à son château de Nagel, près d'Évreux.

plusieurs soldats isolés qu'il avait assassinés à l'aide d'un gros tournevis de serrurier; on trouva près de lui les cadavres de ses victimes et il avait encore l'arme sanglante qui lui avait servi à commettre ces crimes. Quant on les lui reprocha, loin de les nier ou de les excuser, il s'en vanta et exprima le regret de n'en avoir pu tuer davantage. Ce n'est heureusement pas à moi d'expliquer comment et pourquoi ce misérable ne fut pas fusillé sur-le-champ. On l'emmena à Saint-Cloud et on lui donna pour prison, avec deux ou trois autres coquins ramassés dans des vignes d'où ils tiraient des coups de fusil sur des soldats isolés, un petit corps de garde établi extraordinairement près de la pièce d'eau d'Henri IV et occupé par cinq gendarmes. On conçoit qu'il fut facile et naturel à ces prisonniers de former le projet d'échapper à une aussi faible garde et de l'exécuter.

Les coups de fusil qui avaient mis le palais en émoi avaient été tirés par les cinq gendarmes sur ces trois misérables, sans les atteindre. Tout le camp s'était mis en un instant sur pied. La battue commença sur tous les points avec un zèle qui attestait l'esprit qui animait les troupes ; ils furent bientôt repris.

On les amena d'abord au poste de la première grille d'entrée, où leur apparition excita en même temps toute la curiosité et réveilla tous les ressentiments des soldats, — Je les vois encore, surtout celui qui avait été pris au bois de Boulogne. Il avait enfin perdu son horrible effronterie de la veille ; il était pâle comme la mort. C'était un petit homme très fortement constitué. J'ai oublié de dire qu'on avait encore trouvé sur lui cinquante pièces de 5 francs qu'il déclara avoir reçu à Paris. C'était le jardinier de la maison de campagne d'un agent de change, presque voisine de Villeneuve-l'Etang. Tout le monde peut se figurer l'effet que produisit la réapparition de cet individu devant des soldats qui, la veille, l'avaient vu entouré des cadavres de leurs camarades lâchement assassinés par lui. Aussi leur indignation ne pouvait-elle plus se contenir à leur arrivée et l'on n'entendait que jurements et imprécations autour des prisonniers : « Leur affaire n'est donc pas

assez claire? » criait-on de tous les côtés;
« Des coquins qui ont passé leur journée
hier à nous assassiner. Allons, finissons-en.
A votre tour, mes braves ; un peloton et :
en joue, feu !, Ce n'est que l'affaire d'un
moment. Chacun son tour. — Tiens, comme
ils ont peur, maintenant, les gredins. »

Un officier parut : « Mon lieutenant,
n'est-ce pas juste? Ils en ont assez tiré
hier, vous savez ; laissez-nous faire ; ce sera
bientôt fini et la perte ne sera pas grande. »

Cependant un ordre vint ; et on les dirigea
par l'avenue. Je les perdis de vue à la seconde
rue où ils entrèrent. Que sont-ils devenus?
Dans ce cas — que je ne suppose pas —
devait-on laisser les soldats dans l'ignorance
de cette réparation?

On n'avait plus de nouvelles de Paris,
d'aucune façon. Saint-Cloud, le château
surtout, avait pris l'aspect d'une forte-
resse.

On s'était aperçu que les embauchages
commençaient, quoique avec fort peu de
succès, dans la garde surtout.

Je restai quelque temps dans l'avenue à
causer, et cela me fournit l'occasion de

faire arrêter deux individus à chapeau de paille, de tournure équivoque, qui rôdaient autour de notre groupe. Ils dirent qu'ils étaient de *pauvres ouvriers*, venus de Paris *en se promenant*. On les envoya continuer leur promenade en prison. Je rencontrai alors plusieurs soldats dont la moustache était fraîchement coupée et qui portaient une capote et une veste bourgeoises.

Il était devenu presque impossible de pénétrer à Saint-Cloud d'aucun côté. Aux ponts, ils y en avait pour une heure avant qu'on pût obtenir la permission de les franchir. Aux grilles du château, on était tellement rigoureux que j'ai gardé le souvenir d'un soldat qui, voulant entrer, fut accueilli par un « qui vive ! » auquel il répondit, sans s'arrêter, se fiant, comme à l'ordinaire, sur son uniforme, mais la sentinelle lui cria « Halte là ! » en lui appuyant la baïonnette contre la poitrine. Un caporal sortit avec deux hommes et on ne laissa pénétrer le soldat dans la cour, qu'après qu'il eut dit à quel régiment, à quel bataillon il appartenait et le nom de son capitaine.

J'allai déjeuner à mon restaurant ordi-

naire en compagnie de Cacqueray des Rou-
tieux, garde du corps de mes amis (1) et
de l'officier du poste de cuirassiers de
l'avenue. Tous les deux ne demandaient
qu'une occasion de se mesurer avec les
Parisiens et appelaient des vœux les plus
ardents une sortie. Le second nous montra
son sabre, qu'il avait fait repasser à neuf ;
c'était « sa latte de Waterloo, sa latte de
prédilection ». — Je puis dire, pour l'avoir
vu de mes yeux, que la Maison du Roi
partageait ces sentiments au plus haut
degré d'exaltation.

On parlait alors de négociations ouvertes
avec les Chambres et l'Hôtel de Ville (2),
du changement de ministère, de la convoca-

----

(1) Quatre Cacqueray étaient gardes du corps ;
ils accompagnèrent le Roi jusqu'à Cherbourg.

(2) Le 29 juillet, La Fayette s'était porté et
installé à l'Hôtel de ville où il parlait déjà de
république ; le général Gérard l'y avait suivi.

A côté d'eux siégeait une « Commision municipale » s'étant plus ou moins désignée elle-même;
elle se composait de Lafitte, Casimir Périer, le
général Lobau, Mauguin, de Schonen, Audry de
Puyraveau. — Le premier travaillait ouvertement pour le duc d'Orléans.

tion des députés, du rappel des Ordonnances, etc.., Du reste la même inquiétude,
la même privation de toute nouvelle offi-
cielle.

A 4 heures, étant de service, j'étais sur
ma porte, m'entretenant avec le garde du
corps de faction au poste des grands appartements, lorsque je ne sais quel bruit se
fit entendre dans la cour d'honneur; on
cria : « alerte ! alerte ! » les tambours rou-
lèrent, les trompettes sonnaient dans le bas
du parc; enfin la plus grande agitation
se manifesta en un instant par tout le château ; bientôt accourut un sous-lieutenant
des gardes, suivi d'un valet de pied un panier
au bras ; c'était des cartouches. Il fit en
grand'hâte charger les armes, lever les
stores des fenêtres, placer deux hommes
à chacune d'elles pour tirer dans la Cour,
parce que, disait-il, « le Château va être
attaqué ». — Au bout d'un quart d'heure
on vint dire que c'était une fausse alerte. —
Tout le monde cependant resta sur le qui-
vive.

Le dîner, comme on peut le croire, fut
encore plus triste que les précédents. Tou-

tefois, la contenance du Roi, de M. le Dauphin, de Madame n'avait rien perdu de sa dignité et jusqu'à un certain point de son calme ordinaire.

J'allai dire à Madame, de la part de M. de Brissac (1), qu'un bataillon de la garde venait d'arriver du Calvados (2), exténué

---

(1) Comte de Cossé-Brissac, premier maître de l'Hôtel.

(2) Ce bataillon avait été détaché extraordinairement dans ce département pour en protéger les habitants contre les incendiaires qui, depuis quelque temps, le désolaient. Ces désastres, conséquences évidentes d'une combinaison quelconque, coïncidèrent d'une façon frappante avec les préparatifs de révolution avoués depuis par la faction d'Orléans. C'était un moyen comme un autre de faire diversion et d'éloigner davantage de la capitale une partie de ces troupes dont la fidélité rendait la corruption impossible. Il est à remarquer que les révolutionnaires alors accusaient le gouvernement de ces incendies et en trouvaient une preuve dans la difficulté qu'on éprouvait à saisir les coupables. Cependant le zèle des procureurs généraux était parvenu à rassembler des documents qui pouvaient suffisamment éclairer les juges sur la

de fatigue et même de faim ; qu'on lui avait
assigné un bon bivouac dans le parc, mais
qu'il était urgent de lui faire distribuer du

---

véritable source de ces calamités, lorsque éclata
la révolution. Après son triomphe, ceux qui
avaient tant répété que rien n'était plus facile
que de saisir les coupables et de mettre un terme
aux incendies, furent bien obligés de continuer cette scène de la fameuse comédie, et
annoncèrent avec emphase que l'affaire allait
être poursuivie avec toute la rigueur possible,
et qu'on ne tarderait pas à savoir la vérité sur
*cette abominable machination du gouvernement
déchu.* Les instructions « les plus sévères »
furent adressées aux magistrats de nouvelle
nomination et une espèce d'enquête fut entamée
avec tout le sérieux imaginable. — On sait
si les nouveaux gouvernants eussent négligé
de publier la culpabilité de leurs prédécesseurs,
s'ils en avaient découvert la moindre trace.
Au bout de quelque temps une ordonnance de
non-lieu apprit au public qu'il n'y avait pas
moyen de lui faire voir clair dans cette odieuse
trame que beaucoup déjà avaient attribué à ses
véritables auteurs. Cette décision les confirma
naturellement dans leur opinion. Je ne sais
ce que devinrent les personnes arrêtées. Il
est bon de se rappeler que les incendies ces-
sèrent à la révolution. (Note d'Edmond Marc.)

pain. Elle en parla de suite à M. le Dauphin qui donna aussitôt des ordres. — On vint aussi apporter en hâte au Prince un papier à signer ; il ne le fit qu'après l'avoir soumis à l'approbation de son père.

Un valet de pied m'avertit qu'un cocher du Roi arrivait de Paris et qu'il était à la porte. J'en informai M. le Dauphin qui le fit entrer. Il dit que le calme commençait à reprendre un peu, mais qu'il avait eu toutes les peines du monde à sortir des barrières. Il ajouta que M. La Fayette était à l'Hôtel de Ville ; que beaucoup de rues étaient jonchées de morts ; que les barricades étaient innombrables et encore toutes gardées par les ouvriers qui l'avaient plusieurs fois forcé d'y travailler ou d'y monter la garde...

Au second service un aide de camp demanda en toute hâte à être introduit. Il annonça que le 50e de ligne tout entier, qui était campé à la lanterne de Diogène (1), venait de déserter et que le colonel (2) était

______

(1) Dans le parc de Saint-Cloud.
(2) Colonel de Maussion.

resté seul avec vingt officiers et le drapeau. Ils avaient eux-mêmes apporté au château cette fâcheuse nouvelle. M. le Dauphin sortit un instant et toutes les troupes furent aussitôt mises sous les armes pour repousser l'attaque que l'on craignait de la part de ce régiment, qui, au contraire, jeta ses fusils sur la route et se rendit directement à Paris.

Alors entrèrent Monseigneur le Duc de Bordeaux et Mademoiselle; ils coururent dans les bras de leur mère et lui dirent, d'un air inquiet, « Maman, ils s'en vont ? » — Oui, répondit Madame, mais d'autres viennent, cela fait compensation. — On va se battre, n'est-ce pas, maman? ajouta le petit duc. — Si on se bat, on battra, reprit sa mère avec vivacité. Rentrez chez vous, mes enfants et soyez tranquilles. Adieu ». Elle leur donna un baiser; ils sautèrent au cou du Roi qui les embrassa tendrement et se retirèrent.

Tous les jours, il y avait des glaces au dîner du Roi. Ce jour-là le sommelier vint dire d'un air tout embarrassé, qu'il n'y en avait pas. « Le grand malheur ! » dit le

Roi en haussant les épaules. — Le glacier avait-il déjà déserté ?

Le fait est d'ailleurs que si l'on excepte les ministres et quelques fidèles parmi lesquels le général de La Rochejaquelein (1), le général Vincent (2), M. le duc de Duras (3) et M. le comte de Pradel (4) (Premier gentilhomme et Chambellan de Service), plus Blanchardet avec deux valets de chambre qui n'étaient pas de service, le Roi était déjà ce qu'on peut appeler *abandonné.*

Je ne pus m'empêcher de comparer Saint-Cloud à cette heure silencieux et désert avec Saint-Cloud le dimanche précédent pouvant à peine contenir la foule des

----

(1) Auguste, comte de La Rochejaquelein (1783-1868), surnommé « le Balafré » pour la blessure reçue à la Moskova. Colonel des grenadiers à cheval de la garde royale ; maréchal de camp. Refusa le serment en 1830, devait être condamné à mort par coutumace pour avoir participé au soulèvement de la Vendée en 1832.

(2) Baron Vincent, lieutenant général.

(3) Amédée Bretagne Malo, duc de Duras (1770-1836), Émigra. Pair de France, premier gentilhomme de la Chambre et maréchal de camp.

(4) Ministre d'État.

courtisans qui s'y pressaient. La fortune avait terriblement changé depuis ces cinq jours ! Le pouvoir qui échappait aux mains du Roi allait probablement passer dans d'autres ; on avait bien assez à faire que de calculer les chances de succès de l'usurpateur que tout le monde nommait déjà, et de lui faire parvenir des protestations de dévouement. Sauf pour quelques-uns qui firent leur devoir jusqu'à la fin, il ne pouvait plus être question d'aller à Saint-Cloud quand il n'y avait plus à y recevoir que des balles.

Toute la soirée fut remplie d'allées et venues qui faisaient passer sous mes yeux des figures que la fatigue, les angoisses, mille passions diverses avaient parfois altérées au point de les rendre méconnaissables. M. de Girardin, le premier Veneur, se donnait un mouvement considérable, son neveu même (1), ce jeune favori de M. le

____

(1) Ernest, comte de Girardin, lieutenant des chasses à tir, fils de Stanislas de Girardin (1762-1827), le député de l'Assemblée législative, l'ami de Joseph Bonaparte, le député de l'opposition sous la Restauration.

Dauphin, s'agitait aussi beaucoup; ces messieurs, m'a-t-on assuré depuis, ne rêvaient que transaction, accommodement à tout prix et travaillaient activement dans ce sens. — Ce n'était pas ainsi que l'entendirent MM. de La Rochejaquelein et Vincent, qui donnèrent avec un noble exemple de bons conseils.

Il y eut, à des rangs inférieurs, des témoignages de sensibilité. — Je me souviens entre autres un jeune valet de chambre, qui était de service, et qui avait été cacher sa femme et ses deux enfants dans un village du côté de Meudon. Il venait d'apprendre que ce village s'était soulevé dans la journée, qu'il y régnait un désordre épouvantable et qu'on n'y parlait que de l'extermination du Roi, des Princes et de tout ce qui leur appartenait. — Ce qui d'ailleurs était de toute fausseté. — Il faillit se trouver mal au dîner et n'eut que le temps de sortir pour ne pas tomber dans la salle.

Il était environ 8 heures du soir; je m'entretenais avec un garde du corps sur le seuil de la porte de la salle à manger, lorsque le maréchal Marmont, sortant des grands appartements, passa devant nous et entra chez M. le Dauphin. Il n'y avait pas dix minutes qu'il y était lorsqu'un brigadier des gardes du corps accourut de chez Monseigneur et cria au poste : « Messieurs, huit hommes pour arrêter le maréchal ! » — Huit gardes aussitôt le suivirent.

Cependant, nous étions si loin de songer à ce qui s'était passé, que nous crûmes même avoir mal entendu, et nous conclûmes qu'on avait dit : « pour *escorter* le maréchal », quoique cela ne fût pas probable (1).

Nous ne tardâmes pas à être fixés sur ce point, lorsque nous vîmes sortir des appartements de M. le Dauphin, au milieu des huit gardes, le maréchal sans épée. Tout son sang, je crois, s'était précipité à son visage ; il était violet ; ses traits n'exprimaient qu'un seul sentiment, mais qui le possédait tout entier, et dont il s'efforçait en vain de comprimer la manifestation : celui d'une fureur proportionnée à l'humi-

---

(1) Sur cette scène scandaleuse, dont Edmond Marc était le témoin oculaire, on lira les *Mémoires du duc de Raguse*. VIII, 295. De GUERNON-RANVILLE. *Journal d'un ministre.*

liation qu'il subissait. Le poste des gardes devant lequel il allait passer en reçut le premier éclat ; comme il se mettait sous les armes : « Point d'honneurs ! s'écria-t-il brusquement et d'une voix altérée, point d'honneurs ! Je ne suis plus rien, je n'en veux pas. »

On lui obéit à moitié. Il descendit l'escalier et fut consigné dans son cabinet, avec une sentinelle à la porte.

On peut juger de l'effet que produisit sur le château, où il se répandit en un clin d'œil, le bruit de cette arrestation. Quant à moi, un instant après, je me demandais si je n'avais pas rêvé.

Le docteur Distel, chirurgien du Roi, accourut chez M. le Dauphin. Il en ressortit peu après avec un air soucieux et abattu. Qu'était-il donc arrivé ? Je hasardai une question au bon Distel. « Ce n'est rien », me répondit-il. Je ne pus tirer davantage des gens.

Enfin, arriva M. le duc de Guiche (1),

____

(1) Agénor, duc de Guiche (1789-1855). Pendant l'émigration, officier dans l'armée russe et dans

premier écuyer de Monseigneur. Je l'introduisis chez le Roi. Sa Majesté se promenait dans son cabinet selon sa coutume, mais Elle paraissait plongée dans les plus tristes réflexions. Après quelques moments, le duc ressortit avec le Roi et il se dirigèrent ensemble vers l'appartement du prince généralissime. Le Roi reparut bientôt. Il était seul, tenant une épée nue dans les mains. C'était celle du maréchal. La mélancolie profonde que cette circonstance inouïe et inattendue semblait répandre sur ses traits vénérables, tant d'angoisses à la fois brisant ce cœur si droit, si noble, si généreux, me remplirent involontairement les yeux de larmes.

Le duc de Guiche suivit de près le Roi. Il entra dans le cabinet et en ressortit presque de suite. Le Roi lui dit, en sortant : « Il a été un peu vif... Décidez-le à le recevoir. Dites-lui que je le désire. Alors, vous descendrez chez le maréchal et l'amènerez chez moi. »

____

l'armée anglaise ; colonel de cavalerie en France (1815), aide de camp du duc d'Angoulême et maréchal de camp (1815), lieutenant général (1823).

Un quart d'heure après, le maréchal, accompagné du duc et suivi de ses aides de camp, montait l'escalier. Il avait son épée que Sa Majesté lui avait renvoyée, afin qu'il parût le moins possible qu'il avait été obligé de la quitter. Mais son indignation n'était pas calmée, et elle éclatait en exclamations très énergiques. Ses aides de camp paraissaient la partager.

Je ne laissai pénétrer dans la salle à manger que le maréchal et le duc, et après avoir introduit le premier auprès du Roi, j'y restai seul avec le second, qui paraissait accablé.

Nous gardions le silence l'un et l'autre, attendant avec anxiété l'issue de cette entrevue. J'entendis bientôt la voix s'élever, au point que malgré la double porte, les paroles du Roi parvinrent très distinctement à mon oreille : « Vous avez fait une faute. Vous devez le reconnaître ».

Je ne pus retenir plus longtemps le désir que j'avais de connaître ce qui s'était passé chez M. le Dauphin et je suppliai le duc de Guiche de me donner quelque explication des scènes auxquelles je ne pouvais rien comprendre. Voici quelle fut sa réponse.

« Monsieur le Dauphin a reçu ce soir la visite des colonels de deux régiments qui bivouaquent autour du château. Ces officiers lui exprimèrent avec énergie leur mécontentement, en lui demandant si on voulait voir déserter en masse le reste des troupes demeurées fidèles. — Je ne vous comprends pas, interrompit le prince. — Monseigneur, on vient de nous lire un ordre du jour, qui, après avoir promis de la part du Roi un mois de solde d'avance aux soldats, leur témoigne la satisfaction de Sa Majesté et les remercie de leurs bons services dans des termes propres à leur faire comprendre qu'on n'a plus besoin d'eux. On dit, en terminant, que tout est fini, que les ministres ont donné leur démission, que les Ordonnances sont rapportées, que les Chambres sont convoquées (1). Quel doit être l'effet

____

(1) MARMONT (*Mémoires*, VIII, p. 294) donne le texte suivant de son ordre déposé. Est-il rigoureusement exact ?

« Soldats, vous venez dans ces jours de combat de donner des preuves de courage et de dévouement. Le Roi est content de vous. Des récom-

naturel d'une pareille communication sur les troupes ? Une débandade générale ; il n'y en a donc pas déjà assez ? »

« C'est inconcevable, messieurs, repartit vivement M. le Dauphin. Je commande seul en chef ici ; un ordre du jour ne peut donc émaner que de moi. Or, je vous le déclare, je sais que le Roi a exprimé l'intention de faire délivrer aux troupes une gratification, mais je n'ai pas même l'idée d'un ordre du jour pareil à celui dont vous me parlez. »

— Il y a donc trahison, reprirent les colonels ; car ce que nous vous déclarons, Monseigneur, est aussi la vérité.

— Eh bien, comptez, messieurs, que je ferai tout pour éclaircir ceci. »

Et il les congédia.

Le duc de Raguse fut aussitôt mandé

---

penses vont être accordées. Les Ordonnances sont rapportées. M. le duc de Mortemart, premier ministre, va assurer la pacification. C'est le moment de serrer vos rangs autour du trône que vous avez si vaillamment défendu et de rester près de nos drapeaux. Saint-Cloud, 29 juillet 1830. »

chez Monseigneur, qui lui demanda s'il avait connaissance de ce fait.

— Oui, Monseigneur.

— Comment, un ordre du jour rédigé et publié ici, à mon insu. Qui a pu donner celui-là ?

— Moi, Monseigneur.

— Vous nous trahissez donc aussi ? Rendez votre épée, maréchal : vous êtes prisonnier.

En obéissant à cet ordre, le duc de Raguse fit au Dauphin une coupure assez profonde au doigt ; peut-être le Prince la prit-il trop précipitamment des mains du maréchal et se coupa-t-il ainsi lui-même ? Car il n'est guère possible d'admettre une lutte quelconque entre ces deux personnages (1).

______

(1) La duchesse de Gontaut, gouvernante des Enfants de France, présente au château de Saint-Cloud, rapporte ainsi la scène orageuse (*Mémoires*, p. 333) :

« Maréchal, vous avez donné un ordre à la Garde sans m'en prévenir ; vous oubliez donc que je commande ? — Non, Monseigneur, mais comme major-général de la Garde royale de service, j'ai le droit de prendre directement les ordres du Roi. — Vous méconnaissez donc l'ordonnance qui m'a nommé généralissime ? Vous me bravez, et pour vous prouver que je vous commande, je vous

On me raconta plus tard que M. le Dauphin avait ordonné à deux valets de chambre de saisir le maréchal en attendant que les gardes arrivassent pour l'arrêter, ce qui supposerait au moins des menaces de la part de celui-ci ; mais j'aime mieux ne croire rien de cet on dit (1).

______

envoie aux arrêts. » Le maréchal haussa les épaules ; le Dauphin irrité de ce signe de mépris, voulant désarmer le maréchal, s'élança sur son épée. « J'aime mieux la briser, dit le maréchal, que de la laisser prendre. » Le prince la tirait alors et dans cette lutte, la lame effilée lui blessa la main. Le sang coule, le Dauphin appelle. « Que l'on arrête le maréchal, qu'on le conduise chez lui et qu'il soit gardé à vue », dit Monseigneur !

Mme de Gontaut attribue au duc de Luxembourg le rôle qu'Edmond Marc vit remplir auprès de Charles X par le duc de Guiche.

(1) Voici le récit du duc de Raguse : « A peine dans son salon, il me prend à la gorge en s'écriant : « Traître, misérable traître, vous vous avisez de faire un ordre du jour sans ma permission ! » A cette attaque subite je le saisis par les épaules et le repousse loin de moi ; lui redoublant ses cris et recommençant ses insultes : « Rendez-moi votre épée. — On peut me l'arracher, je ne la rendrai jamais ! » — Il se jette sur moi, la tire et semble vouloir m'en frapper et s'écrie : « Gardes du corps, à moi ! Saisissez ce traître, emmenez-le ! »

Quant au fait de l'ordre du jour, un jeune officier d'état-major nous répéta son contenu presque absolument dans les mêmes termes que M. de Guiche. C'était lui, nous assura-t-il, qui l'avait copié (1).

Le duc [de Guiche] avait achevé son récit lorsque les portes du cabinet s'ouvrirent. Le Roi et le maréchal entrèrent dans la salle à manger où j'étais seul avec M. de Guiche ; tous deux paraissaient bouleversés. Ils continuèrent là, sous nos yeux, le vif débat qui s'était élevé entre eux, dès les premiers pas du maréchal dans le cabinet. Telle fut, cependant, la fin de cette pénible scène.

— Vous avez fait une faute très grave, disait le Roi ; il faut la réparer, c'est de toute justice.

— Jamais, sire, jamais, s'écria le maréchal, je me tuerai plutôt.

— Comment, vous, duc de Raguse, un vieil officier. Comment ne convenez-vous pas que vous avez manqué grandement à la discipline militaire ?

____

(1) Le maréchal avait dicté à deux officiers : les capitaines de Puibusque et de Berteux.

— Oui, sire, je le veux. Mais mon épée rendue ! Mais l'honneur ! Je ne survivrai jamais à cette honte.

— Encore une fois, vous lui avez manqué, vous lui devez réparation. Vous irez faire vos excuses à votre commandant en chef.

— Non, Sire, c'est plus que je ne puis faire. Tout pour vous, Sire, s'écriait-il, en serrant les mains de l'infortuné monarque contre ses lèvres ; ma vie est à vous, mais des excuses à qui m'a déshonoré, c'est impossible !

— Oui, maréchal, quand on a des torts, il est toujours beau de les réparer. Faites-le donc puisque c'est juste, puisque c'est votre devoir, répétait le Roi, d'une voix émue. Promettez-le-moi.

— Impossible, Sire.

— Marmont, interrompit le Roi d'un ton plus ferme, je vous en prie, comme votre ami ; comme votre Roi, je vous l'ordonne. Songez à ce qu'il est et à ce que je suis. Vous irez en sortant d'ici. J'y compte absolument.

Et, en prononçant ces paroles, que je

rapporte presque textuellement, il rentra dans son cabinet (1).

Telle est, fidèlement recueillie quelques instants après, la partie de cette scène dont je fus témoin et dans laquelle il ne sortit pas de la bouche du Roi une seule parole qui rappelât, même indirectement, au maréchal les services énormes qu'il lui avait rendus.

Le duc de Raguse était resté seul avec nous dans la salle à manger. Le duc de Guiche alla à sa rencontre et employa le ton de la plus douce persuasion pour l'engager à céder aux désirs du Roi, par tout ce que son dévouement et sa sensibilité purent lui suggérer de plus touchant et de plus irrésistible.

D'abord, le maréchal, hors de lui, ne l'écoutait pas et continuait un monologue dans lequel je l'entendis, avec étonnement, traiter d'*ingrate* cette Maison *à la défense de laquelle il venait de sacrifier tout : sa vie et ses opinions.* La passion l'empêchait de

---

(1) Les *Mémoires* du maréchal confirment absolument le récit d'Edmond Marc.

se rappeler tout ce qu'elle avait au contraire
fait pour lui, cette généreuse famille (1).
Car, alors, il n'eût considéré que comme
l'accomplissement d'un devoir de reconnaissance, ce qu'il se représentait dans son égare-
ment comme un service bénévole et gratuit.

Le duc de Guiche ne perdit pas courage.
Il laissa prudemment s'exhaler ces dernières
explosions de l'indignation du maréchal.
Celui-ci tomba bientôt sur une chaise que
je lui présentais, épuisé et pouvant à peine
me prier de lui faire apporter un verre
d'eau, sa bouche desséchée ne proférant
plus une parole intelligible. Enfin, quand
il fut un peu plus calme, le duc de Guiche
reprit sa tâche et je me joignis à lui de toute
mon âme pour le décider à aller trouver
M. le Dauphin.

— J'aime le Roi, répétait toujours Mar-

____

(1) Si pour servir le Roi dans cette circonstance il lui fallait faire le sacrifice de ses « opinions », son devoir était de garder « ces opinions »
qu'on ne sacrifie jamais entièrement et remer-
cier le Roi. Charles X avait plusieurs fois payé
les dettes de Marmont sur sa cassette. (Note
d'Edmond Marc.)

mont, je lui suis dévoué à la vie à la mort.
Mais rien pour le Dauphin !

Cependant, nous triomphâmes de cette
résistance. Et le maréchal, se levant tout
à coup : « Allons ! dit-il, encore ce sacrifice.
J'y vais ! »

Je ne sais ce qui se passa. M. le Dauphin
était couché. Au bout de cinq minutes,
le duc de Raguse reparut, le visage toujours
enflammé et ses traits respirant l'indignation. Il repoussa encore tout honneur militaire en passant devant le poste des gardes
et descendit précipitamment. Se reprochait-il
déjà de s'être acquitté d'un devoir certainement pénible, ou bien avait-il été mal reçu ?
On m'a dit depuis qu'il s'était présenté
devant le prince et lui avait adressé ces
seules paroles : « Le Roi m'a ordonné,
Monseigneur, de venir vous faire des excuses.
Je lui obéis. » Le prince lui aurait répondu :
« La manière dont vous les faites, maréchal,
est une faute de plus. Je ne les accepte pas. »
Et tout fut dit (1).

____

(1) Voici la version du maréchal *(Mémoires.*
VIII, p. 296) :

A 8 heures, ce soir-là, comme tous les autres, j'aurais dû être relevé par le valet de chambre de nuit. Des Ruisseaux (1), qui était de service, n'ayant pu résister au désir d'avoir des nouvelles de sa femme qu'il avait laissée à Versailles et dont il n'avait plus entendu parler, s'était hasardé à y aller, déguisé, à travers les bois. Il était bien parvenu à entrer dans la ville à laquelle

---

« J'allai chez M. le Dauphin et lui dis de la manière la plus solennelle : « Monseigneur, c'est par ordre exprès du Roi que je viens près de vous et que je reconnais avoir eu tort en publiant un ordre du jour sans votre assentiment. »

Il attendit un moment et me répondit :

« Puisque vous reconnaissez votre tort, je conviens que j'ai été un peu vif. » — Je ne répondis rien; et il ajouta : «Au surplus, j'en ai été puni, car je me suis blessé avec votre épée. » Et il me montra une coupure qu'il s'était faite à la main. Je lui répartis vivement : « Elle n'avait pas été destinée à faire couler votre sang mais à le défendre. »

— « Allons, me dit-il, n'y pensons plus et embrassons-nous. » Il m'embrassa avec difficulté, car, assurément je ne pliai pas les reins pour me rapprocher de sa taille. Il me prit la main que je serrai fort. Je fis une profonde révérence, sans le regarder, et m'en fus chez moi. »

(1) Piel des Ruisseaux.

se communiquait déjà l'agitation de Paris, mais quand il s'agit de revenir à Saint-Cloud, on lui signifia de rester en dedans des barrières ; et comme il insistait, il faillit être tué sur place. Force lui fut de rester.

Il était près de 11 heures lorsque se termina la scène que je viens de décrire (1). Je n'avais vu paraître ni valet de chambre, ni le garçon d'appartement qui, tous les soirs, à 8 heures précises, roulait un lit de fer dans la salle à manger.

Je priai un garde du corps de veiller un instant à mon poste et je courus à l'appartement de ces messieurs, pour voir si mon remplaçant y a paru : personne. Les salons, les escaliers, les corridors de cuisine, toujours si bruyants, si animés, si illuminés, étaient de vrais déserts. Je n'y rencontrai pas un être vivant. Toute la journée avait été employée par la valetaille à déménager et à se sauver du château. Tout cela s'était fait sans mystère, sous nos yeux, sous ceux des princes ! Les gens de la cuisine avaient

____

(1) L'altercation entre le Dauphin et le maréchal.

encore eu le *courage* de faire le *dîner* du Roi ce jour-là, mais non de nettoyer la vaisselle plate et de la remettre en ordre. Elle était encore telle qu'on l'avait relevée de la table, dans de grands paniers, au milieu des cuisines, à la merci du premier venu. Le lendemain, le Roi n'aurait pas eu un marmiton pour lui faire à déjeuner. J'avais entendu les couvreurs de table, en préparant celle de Sa Majesté, parler tout haut des maisons de Saint-Cloud où ils s'étaient assuré une chambre et où ils avaient transporté leurs effets; l'un d'eux se plaignait devant moi de ce qu'il n'avait pu trouver qu'un hangar, mais il s'en consolait à cause de la beauté du temps. Or, il n'était encore alors aucunement question du départ du Roi.

Je rencontrai deux valets de chambre qui, à la vérité, n'étaient pas de service et dont l'un même n'était plus « qu'honoraire ». Je leur contai l'absence de leur camarade. Je n'en pouvais plus de fatigue et de faim surtout. Et il fallait que je reprisse mon service le lendemain matin à 9 heures. Je les engageai donc l'un et l'autre à prendre la place de leur collègue. Mais il était très sérieusement question dans le château d'une attaque pour cette nuit même, par plusieurs colonnes combinées, — et ils refusèrent net.

Je montais chez M. le duc de Duras, premier gentilhomme de service, que je trouvais au lit. J'avais acquis un peu d'expérience du terrain et je voulus me mettre en règle, à tout événement. Je lui dis donc que pour la régularité du service, je croyais devoir lui faire part de cet incident, afin que plus tard, dans le cas où les affaires prendraient une tournure tout à fait favorable, je fusse à l'abri de reproches d'usurpation de poste de la part des valets de chambre du Roi. J'avais eu soin aussi, pour les mettre tous en demeure, d'avertir celui de ces Messieurs qui était de service du côté du cabinet du Conseil. Mais quoiqu'un valet de pied m'eût assuré que de ce côté-là, il ne couchait jamais de valet de chambre, parce qu'il dormait déjà là un garçon d'appartement et que d'ailleurs le Roi était cent fois mieux gardé par là que vers la salle à manger qui donnait immédiatement sur un escalier écarté, —

il déclara qu'il restait au cabinet du Conseil et je n'insistai pas davantage.

Le duc de Duras me dit que l'avis avait été, en effet, donné d'une attaque combinée contre le château pour cette nuit même ; il était plus essentiel que jamais que la salle à manger fût gardée. Je lui déclarai que maintenant que j'étais en règle vis-à-vis de MM. les valets de chambre, s'il lui était indifférent d'intervertir l'ordre du service, ce qui ne tirait guère à conséquence, je ne demandais pas mieux que d'y coucher.

— Eh bien oui, me dit-il, couchez-y, comme vous pourrez, car je ne saurais plus qui en charger. Vous voyez que nous n'avons plus personne et que d'ailleurs il n'existe plus ici aucune autorité, descendez vite et ne quittez pas d'une minute la porte du Roi.

Pas plus de lit dans la salle à manger que si cet usage invariable n'avait jamais existé. La raison en était qu'il n'y avait plus au château un seul des domestiques chargés de l'y établir. J'étais donc à la recherche d'un moyen d'y suppléer, lorsque j'aperçus un garçon d'appartement, *de mes amis,* vieux serviteur à qui il n'était certainement pas venu à l'esprit de quitter son poste. A ma prière, il me découvrit, à force d'ouvrir des armoires, un matelas. Je le mis en travers de la porte du Roi, je me fis un oreiller du carreau de velours cramoisi qui servait au dîner à Madame et je congédiai mon homme sur lequel je fermai la porte à clé. Je n'ôtai que mon frac d'uniforme et me jetai sur mon matelas où, la fatigue l'emportant sur l'anxiété, je m'endormis aussitôt profondément.

J'y étais depuis environ deux heures, c'est-à-dire qu'il était un peu plus d'une heure du matin, lorsque je fus réveillé par des coups pressés à la porte du côté de l'escalier. J'y courus. C'était le duc de Levis (1), aide de camp de M. le Dauphin, accompagné de deux autres officiers qui demandaient, de la part de son Altesse Royale, à être introduits de suite auprès

____

(1) Gaston duc de Levis et de Ventadour (1793-1863) venait d'hériter de la pairie de son père, il avait servi lors de l'expédition d'Espagne et de celle de Morée.

du Roi. Je les fis entrer, mais ayant voulu les faire pénétrer directement chez Sa Majesté, je ne le pus; le verrou avait été tiré en dedans. En conséquence, je leur proposai de faire le tour par un dédale de corridors dont ils ne seraient jamais sortis, si je n'avais consenti à les y précéder.

Chemin faisant, le duc de Levis m'apprit que M. le Dauphin venait de recevoir l'avis qu'on avait envoyé de Paris et des environs une expédition contre le château de Saint-Cloud, que plusieurs colonnes étaient en marche déjà à la faveur de la nuit, dans le dessein de le surprendre; entreprise que les bois qui entourent Saint-Cloud rendaient très facile; et qu'enfin l'on s'attendait d'un moment à l'autre à un coup de main. M. le Dauphin les envoyait supplier le Roi de faire en toute hâte ses préparatifs de départ, de manière à pouvoir quitter le château, où il était impossible de songer à une défense militaire (1),

____

(1) Le pain commençait d'ailleurs à manquer dans la ville et aux environs. (Note d'Edmond Marc).

avant qu'il fît jour. Le prince devait rester seul, en arrière, avec un petit corps pour protéger la retraite de sa famille.

Lorsque nous entrâmes dans la salle du Conseil, que quelques boug... éclairaient faiblement, je distinguai près de la cheminée quelques uniformes militaires et deux ou trois des anciens ministres. Sur la table étaient des carafes d'eau dans des seaux de glace et des sirops. Je vois encore M. d'Haussez, l'ex-ministre de la marine, se préparant un verre d'orangeade (1).

Dans un coin du cabinet était étendu sur deux fauteuils, Mgr le duc de Bordeaux. Je crus d'abord qu'il achevait sa nuit. Mais, comme à Holyrood je parlais de ces malheureuses journées avec son Altesse Royale, elle me fit l'honneur de me dire :

----

(1) « Tout était en mouvement dans le château et cependant tout était silencieux dans les salles, les corridors à peine éclairés. A chaque pas on se heurtait contre des malles, des paquets que l'on entassait sans ordre sur les voitures et dans quelques fourgons. La nuit était superbe. Rien ne révélait la présence d'une armée entière campée à quelques centaines de toises. » — *Mémoires du baron d'Haussez*, II, 291.

« Oh ! je vous ai bien vu, quand vous êtes venu la nuit dans le cabinet du Roi. J'étais dans mon coin où l'on croyait que je dormais, tandis que je voyais tout ce qui se passait. Vous rappelez-vous l'habit de chasse de maman, son cheval sellé qui était derrière la voiture et ses pistolets ; ils étaient bien chargés, car je lui ai vu mettre les balles (1). »

Je retournai à mon poste, un peu pensif. Le bruit que j'entendis bientôt chez le Roi et celui qui commença dans les étages supérieurs, dans les corridors et sur les escaliers me convainquirent de ce que Barthélémy (2) vint bientôt m'apprendre, c'est-à-dire que le Roi se disposait à suivre le conseil de son fils. Il avait donné l'ordre du départ pour 3 heures du matin.

A 2 heures, je n'y pouvais plus tenir.

____

(1) En 1832, Edmond Marc alla en Écosse présenter ses hommages de fidélité à la famille royale exilée.

(2) « A 3 heures précises, le Roi monta dans sa voiture, ayant à sa gauche Madame la Duchesse de Berry, qui portait des habits d'homme. » — *Id.* 291.

Je montai chez le duc [de Duras]. Je le trouvai assis sur le canapé de son antichambre avec le comte de Pradel, tous les deux en petit uniforme.

Je lui demandai de suite la permission de suivre le Roi.

— Vous n'êtes pas assez indispensable, me répondit-il, avec la brusquerie qui le caractérise.

— Je sens que dans la circonstance, le Roi peut très bien se passer d'un officier de sa chambre, repris-je un peu piqué d'un pareil accueil ; mais il ne me semble pas qu'il y ait autour de lui une telle foule de sujets dévoués, qu'on doive repousser ainsi ceux qui demandent à ne pas le quitter.

— Je ne sais pas s'il y aura une voiture pour vous, ajouta le duc, que voulez-vous que je vous dise de plus ?

— Je n'ai pas besoin d'une voiture pour suivre le Roi, repris-je. Il y a ici des chevaux, et avec un ordre...

— Impossible, vous dis-je, interrompit le duc. Qui donne des ordres, qui peut donner des ordres ici ? Vous resterez.

Je sortis blessé au dernier point d'un ton auquel j'aurais dû être accoutumé de la part de ce chef, mais qui dans la circonstance présente me sembla plus intolérable que jamais. Les bontés du duc pour moi depuis cette époque et les témoignages qu'il s'est plu à rendre à ma conduite me feront difficilement oublier, je crois, l'impression de cet étrange accueil.

En sortant, je rencontrai Mme la duchesse de Gontaut (1) toute pâle et toute défaite.

Puisqu'il m'était si impérieusement interdit de suivre le Roi, je pris la résolution de me jeter, aussitôt après le départ de Sa Majesté, dans le parc particulier, de le traverser jusqu'à la porte jaune, par laquelle j'avais pénétré dans les bois qui font suite à ceux de Saint-Cloud et de tâcher de gagner ainsi Saint-Germain, où j'étais assez connu de la maîtresse de l'hôtel de Toulouse, pour espérer d'y trouver un asile, jusqu'à ce que j'aie découvert les moyens de

____

(1) Madame de Gontaut a tracé dans ses *Mémoires* (p. 335) le tableau du lugubre départ des Enfants de France au milieu de la nuit.

rejoindre mon frère que je supposai être à Mantes (1).

On me dit que c'était me mettre dans les mains des assassins qui infestaient tous ces bois et m'exposer pour le moins d'être dépouillé de tout ce que j'aurais sur moi. Je priai les mêmes personnes de me dire ce qui m'arriverait de mieux si j'attendais dans le château la venue des insurgés. Comme les chances me parurent au moins égales, je m'en tins à mon projet.

-----

(1) Amédée Marc était à Mantes, Substitut du procureur du Roi.

Samedi 31 juillet 1830.

A 3 heures précises du matin, le Roi,
Madame et les enfants, ces pauvres enfants
livrés si jeunes à la proscription, montèrent
en voiture et partirent pour Versailles,
escortés par les gardes du corps, dont les
quatre compagnies avaient été rassemblées
à Saint-Cloud, puis par des détachements
de la garde et une ou deux batteries (1).

Je n'essayerai pas de rendre l'impression
que me firent ce départ, la vue du vénérable
monarque, de cette jeune princesse, de ses

_____

(1) A partir de ce moment, on peut suivre la
marche du Roi, de Saint-Cloud (31 juillet) à
Cherbourg (26 août) dans le *Journal de Saint-
Cloud à Cherbourg*, par Théodore Anne, garde du
corps de la compagnie de Noailles. — (Paris, 1830).
— Ce récit d'un autre témoin oculaire, lui aussi
serviteur fidèle, ressemble par les sentiments et
la franchise à celui d'Edmond Marc.

enfants arrachés au sommeil pour se sous-
traire à des vengeances dont ils ne pouvaient
s'expliquer la cause. Ce mélange de tristesse
profonde et de calme résignation dont les
traits du premier portaient l'empreinte ;
les inquiétudes maternelles combattues dans
la seconde par une noble fierté, une généreuse
indignation ; l'anxiété sur les charmantes
figures de deux créatures innocentes enve-
loppées de si bonne heure dans un si grand
désastre. Non, quand je vivrais des siècles,
je n'oublierai jamais cette scène que je crois
avoir encore sous les yeux. La séparation
de M. le Dauphin qui voulut rester pour
assurer la retraite fut aussi bien atten-
drissante, quoique muette et digne. Qui
aurait osé répondre qu'elle ne devait pas
être éternelle ?

Le ciel était magnifique et tout étincelant
d'étoiles, la lune était couchée et cependant,
il ne faisait pas sombre. Quand je n'entendis
plus le bruit des équipages, de la cavalerie,
de l'artillerie, je montai chez moi. Je mis
dans mes poches une chemise, une paire
de bas, mes rasoirs et une cinquantaine
de francs qui, fort heureusement, me res-

taient encore. Je confiai mon frac d'uniforme à un domestique du château qui, selon toute apparence, me l'a volé, et je partis pour mon expédition aventureuse.

Comme je descendais le grand escalier, je rencontrai Mlle Le Gros, fille du valet de chambre ordinaire du Roi et son plus ancien serviteur. Elle était en larmes et venait d'embrasser son père qui partait avec Sa Majesté. « Dieu sait, mon cher monsieur, me dit-elle, si nous le reverrons ? Et quand ? »

Je l'accompagnai jusqu'à son appartement où je trouvai sa mère avec ses gens occupée à déménager au plus vite. Je me mis donc à la besogne, et ces dames m'offrirent en retour de partager une ou deux chambres qu'une personne de leurs amis avait mises à leur disposition dans l'avenue du château, au fond de la petite place du Berry où se trouvait la poste de la Cour. J'acceptai et restai jusqu'à 5 heures à les aider, après quoi nous allâmes nous installer dans notre nouveau *logement*.

Notre société se composait de Mme et Mlle Le Gros, du bon Distel, chirurgien du Roi, d'un vieux valet de chambre ordinaire et, on peut le dire, *ami* du Roi : Antoine, que l'accablement, la stupeur d'un pareil événement avait rendu fixe et muet et qui, peu de temps après, se traîna jusqu'à Londres dans l'espoir de revoir encore son malheureux maître et y expira de chagrin avant d'avoir goûté cette consolation. Le Roi le pleura longtemps et il le méritait, car s'il ne lui était pas resté M. Le Gros, il n'aurait jamais remplacé cet homme inappréciable.

Il y avait enfin avec nous un jeune homme à qui était, je crois, promise Mlle Le Gros.

Je m'étais aperçu chez moi que mon chapeau bourgeois m'avait été volé ; il avait au moins disparu ; j'obtins d'un garçon de la chambre resté en arrière pour rassembler tous les effets de Sa Majesté qu'on avait oubliés dans la précipitation du départ ou qu'on n'avait pu emporter le matin, qu'il me donnât un chapeau gris du *Roi* (qu'il avait rapporté d'Angleterre) et que je conserve encore. Je reçus aussi son couteau de chasse que l'on voulait abandonner. — Quel fut mon chagrin lorsque, réclamant cet objet précieux, au moment de partir, de mon hôtesse à qui je l'avais confié, elle m'avoua qu'elle l'avait jeté dans les latrines, tant elle avait eu peur, lors de l'invasion des émeutiers de Paris, qu'on ne le découvrît chez elle. — Je l'aurais bien écharpée, je crois.

Je voulus voir ce qui se passait au château. Monsieur le Dauphin en sortait à pied ; il descendit dans le bas du parc où il resta longtemps avec les troupes. En rentrant il donna l'ordre que tout ce qui n'appartenait pas à son service et qui n'était pas militaire, sortît du château et il s'y renferma. La consigne était si sévère que la femme et la fille du concierge (M. Coquelin) qui demeuraient dans l'intérieur de la Cour, eurent toutes les peines du monde à rentrer chez elles. Ces pauvres dames, que je rencontrai, étaient pâles et défaites au point que je ne les reconnus pas d'abord. Elles m'abordèrent en pleurant : « Qu'allons-nous devenir, mon cher Monsieur, me dirent-elles ; le peuple vient ; mon père veut et doit rester à son poste ; nous ne le quitterons pas ; nous serons les premières victimes. »

L'avenue sur laquelle donnaient nos fenêtres et la Cour d'honneur étaient remplies de troupes de la garde. Il était environ 10 heures du matin ; nous entendîmes quelques coups de fusil et un ou deux coups de canon du côté de Sèvres. Notre excellente lunette braquée sur ce point, nous fit découvrir très distinctement, des gens du peuple armés et quelques autres à cheval en habit bourgeois ou en uniforme de garde national qui accouraient à travers les champs et sur la grande route ; les cavaliers se donnaient beaucoup de mouvement et semblaient diriger les autres sur le pont de Sèvres ; nous en vîmes plusieurs tirer des coups de fusil dans cette direction et nous distinguâmes fort bien plusieurs gardes royaux amenés sans armes à ces chefs qui indiquaient la direction de Paris. Ceux qui les amenaient leur enlevaient leurs bonnets à poil et s'en coiffaient eux-mêmes. Est-il concevable que des hommes qui portent une épaulette se soumettent, presque sans coup férir, à une pareille humiliation ! Aussi ne peut-on s'expliquer que par une indigne trahison la conduite d'une compagnie, que dès le commencement de l'engagement sur ce point, son capitaine emmena, après le premier feu, de l'autre côté du pont, et à qui, là, il fit mettre bas les armes. — C'étaient ces hommes que nous apercevions.

C'est au reste le seul trait de ce genre dont ait à rougir cette arme si brave et si fidèle. Nous entendîmes bientôt une fusillade assez vive accompagnée alors de plusieurs coups de canon.

Je descendis et revins avec un officier d'infanterie de la garde qui m'avait demandé ce qui se passait à Sèvres. Je lui fis voir, à l'aide du télescope, ce que c'était.

— Vous verrez, me dit-il, avec impatience, que nous ne pourrons pas encore en être.

— Mais, Monsieur, lui répondis-je, en fixant les yeux sur son pantalon blanc tout ensanglanté, voici qui me semble attester que vous avez déjà payé de votre personne.

— Je voudrais que ce fût ce que vous pensez, reprit l'officier, dont je vis les yeux se gonfler de larmes.

— Vous n'êtes donc pas blessé ?

— Non, monsieur. Ce sang est celui

de mon frère, officier comme moi dans la même compagnie (1). Il était à mes côtés lorsqu'un pavé lui fracassa la tête. Il tomba sur moi et je fus inondé de son sang. Et je n'ai pas d'autre pantalon.

— Que ne puis-je vous en offrir un, lui dis-je tout ému ; mais je ne possède ici que ce que vous voyez sur moi.

— C'est égal, dit-il, en me serrant la main avec affection. Je ne vous en suis pas moins obligé. Adieu. — Et il rejoignit ses camarades.

J'étais convaincu que cette attaque du pont de Sèvres était une diversion de la véritable attaque qui se ferait sur le pont de Saint-Cloud. J'en fis part à une dame que ces coups de feu mettaient dans un état affreux pour la préparer à un événement que je regardais comme imminent.

---

(1) Il y avait deux de Courten (Adrien et Eugène) sous-lieutenants à la même compagnie du 2ᵉ régiment suisse ; deux de Diesbach, sous-lieutenants au 7ᵉ régiment, avec un troisième capitaine adjudant-major ; deux Marulaz, sous-lieutenants l'un au 3ᵉ, l'autre au 5ᵉ régiment de la garde.

A peine l'officier nous avait-il quitté qu'un mouvement très rapide s'opéra dans les compagnies qui occupaient l'avenue et elles se dirigèrent au pas accéléré sur Sèvres. L'artillerie qui était en batterie au pont de Saint-Cloud partit au galop dans la même direction. Nous ne cessions de braquer la lunette sur le même point. La route de Sèvres et les champs qui la bordent se couvraient de plus en plus d'hommes armés qui marchaient sur le pont. Le feu continuait de ce côté.

Au même instant nous entendîmes partir de dessous nos fenêtres trois ou quatre coups de fusil, auxquels répondirent d'autres décharges de différents points de l'avenue et de la première grille du château. A peine le pont de Saint-Cloud avait-il été abandonné que la tête d'une colonne y était arrivée et ce que nous entendions était le commencement de l'attaque.

Du haut en bas de l'avenue il ne parut d'abord qu'une douzaine au plus d'assaillants, dont une jeune femme; c'étaient les éclaireurs. Ils se glissaient le long des maisons et du petit mur d'appui du côté de l'hôtel des gardes, tandis que d'autres, entrés par le bas du parc, en exploraient le pied et les abords dans les cours de cet hôtel.

Ils avançaient avec une précaution extraordinaire et ne passaient pas une maison ni surtout une rue, sans l'avoir observée avec attention. C'étaient presque tous des ouvriers en bras de chemise, sales, mal vêtus et armés de fusils qu'ils tenaient, le doigt sur la détente. Quelques coups étaient dirigés de temps en temps sur la garde rassemblée dans la cour du château, les grilles fermées, par ces éclaireurs qui avaient soin pour cela de se tenir cachés derrière les arbres de l'avenue. La garde leur ripostait avec un immense désavantage; cependant, elle en atteignit trois ou quatre, puis presque aussitôt elle effectua volontairement sa retraite par les derrières du palais, qu'elle abandonna à la suite de M. le Dauphin, en se dirigeant sur Versailles.

La fille de la maison où nous étions, jeune personne de 18 ans, fut tellement effrayée d'entendre si près d'elle ces décharges et les cris de ceux qui étaient frappés

qu'elle éprouva subitement une attaque
de nerfs violente. Nous pouvions à peine,
en nous y employant tous, la retenir sur le
lit. Le Dr Distel se trouvait là à propos ;
enfin elle revint à elle. Les autres dames
étaient dans les transes mortelles, Mme Le
Gros surtout, qui était au lit, tombait
dans de fréquents évanouissements. —
Quant au vieux valet de chambre, il était
assis dans un coin, les yeux humides et
fixes, comme un homme qui sort d'un songe
pénible. Nous pouvions à grand'peine lui
arracher quelques paroles ; il resta toute la
journée plongé dans cette absorption qui
se termina peu de jours après par une forte
attaque de paralysie.

Le château, une fois évacué par les
troupes, fut escaladé sur tous les points
en un instant et enlevé sans coup férir.
Néanmoins il se tira encore beaucoup de
coups de fusil entre la garde et ceux qui
harcelaient sa retraite, et aussi par suite de
cette rage aveugle et stupide du peuple qui
exerçait contre les murs du château une
« vengeance » qu'il n'avait pu assouvir sur
ses habitants. Toute la journée, il arriva

de Paris et des environs des escouades, des détachements de « vainqueurs », souvent plus ridicules qu'horribles ou dangereux. C'était un ramas de tout ce que Paris et sa banlieue renferment de plus hideux (1), conduit par des chefs un peu moins dégoûtants, et quelquefois par des élèves de l'Ecole polytechnique, soit à pied, soit montés sur de fort beaux chevaux.

Toute cette cohue se répandit dans le château, et dans les dépendances où elle commit mille dégâts. On tira à balles dans les glaces, dans les lustres, dans les tableaux. Les caves ne furent pas les dernières à recevoir la visite des *héros*. — Pour aller plus vite, on perçait les barriques à coups de fusil, et on les défonçait ensuite. Il y en avait beaucoup qui avaient marché dans le vin jusqu'aux genoux. Quant à tout ce qui était en bouteilles, on se l'arracha et l'òn but tant et tant que les cours, l'avenue, furent

----

(1) Les blessés des journées de juillet soignés à Saint-Cloud étaient presque tous atteints de maladies honteuses. — Les souteneurs délivrèrent les filles mises en prison et en forcèrent les portes. PARENT DU CHATELET. I. 571.

promptement jonchées de gens ivre-morts.

Le fils d'un portier du château fut la seule victime qu'on nous assura avoir à regretter, lors de l'invasion du peuple. Il fut tué à bout portant par un homme qui, à son tour, tomba massacré sur la place même par ceux qui le suivaient.

Cet événement, aussitôt, causa une vive rumeur et par suite une rixe violente ; elle s'apaisa je ne sais comment. Elle se renouvela plus sérieusement lorsque quelques gardes nationaux se présentèrent pour essayer d'empêcher le pillage et la dévastation totale du château. — On appela au secours les bandes qui étaient répandues dans l'avenue. Elles se précipitèrent aussitôt, au moins ceux qui pouvaient se tenir sur leurs jambes, vers le palais, en poussant des cris sauvages, et des coups de fusil se firent entendre. Mais ce mouvement ne dura pas longtemps.

Le spectacle le plus repoussant qu'offrit cette foule débraillée, c'était celui de femmes armées, rivalisant d'effronterie et de brutalité avec les hommes.

Vers le milieu du jour, un brancard couvert d'un matelas et porté sur les épaules de quatre ouvriers, jeta sous nos fenêtres le cadavre ensanglanté d'une jeune femme.

Nous reconnûmes celle même qui avait paru dans l'avenue à la tête des éclaireurs et qu'avaient dû atteindre les premières balles de la garde. Autour de ce lit vraiment funèbre marchaient plusieurs centaines de « héros » agitant des drapeaux tricolores et criant à pleins gosiers : « Chapeau bas ! Chapeau bas ! » — Le cortège tapageur descendit ainsi l'avenue, au bas de laquelle eut lieu, je crois, une rapide inhumation.

C'est plus tard qu'eut lieu la cérémonie de l'inauguration du drapeau tricolore au château, à la mairie, à l'hôtel des gardes, etc. Des décharges, des cris, des applaudissements accompagnèrent cette mémorable action. Et tout fut dit.

L'après-midi, après la grande chaleur, vint *le beau monde ;* les « dames à chapeau » commencèrent à se montrer et à se promener très agréablement dans l'avenue. On montait au château pour jouir du coup d'œil rafraîchissant d'une orgie populaire. D'élégants chasseurs arrivèrent aussi, tout bariolés de rubans et de cocardes à épouvanter le gibier — le fusil double au bras et le chien couchant derrière les talons. Il y avait surtout affluence de ces intrépides exterminateurs d'alouettes qu'on rencontre si souvent dans les rues de Paris, dans le plus formidable appareil et avec tout l'arrirail d'un Nemrod qui mérite ce nom ; ils traversaient lestement les groupes dont une certaine tournure de propriétaire outre la nature tant soit peu aristocratique du divertissement qu'ils venaient chercher, aurait pu les faire remarquer d'une manière désagréable. Ils se jetaient aussitôt dans la Réserve du Roi. — Nous vîmes plus tard passer force faisans, lapins et lièvres, produits de cette belle et guerrière expédition qui aura valu plus d'une croix de Juillet aux braves qui l'ont si heureusement conduite à fin.

Nous reçûmes le soir des nouvelles de Versailles (1), par un exprès. Tout le monde allait bien.

____

(1) Le Roi traversa Versailles et alla coucher à Trianon.

Nous pûmes à peine dormir. Tout d'abord nous avions eu de la peine à nous installer au milieu des malles du Roi et de celles de ces dames. Ensuite à cause du bruit, des chants et des hurlements de cette population vraiment ivre qui remplissait Saint-Cloud. — Une compagnie, ce soir-là, en aurait eu bon marché. — On avait fait bivouaquer dans l'avenue ceux qui avaient encore la tête assez libre pour entendre raison. — Ce n'était que des cris de : « Qui vive ! » des appels pour venir reconnaître, des explications, des jurements, des menaces, des arrestations, des querelles; des batteries. Enfin, vers une heure du matin, nous entendîmes plusieurs commandements un peu plus fermes, et tout ce qui pouvait marcher reprit comme il put le chemin de Paris.

Dimanche 1er août 1830.

Le lendemain matin, dimanche, j'allai
prendre une place dans un *coucou*, de l'autre
côté du pont, qui était presque tout dépavé
et impraticable aux voitures. Nous étions
au complet. Mais on ne disait mot. Un
ouvrier, à demi endormi, voulut monter
en lapin et finit pas l'obtenir à force de
supplication et d'humbles prières. Il prit la
parole pour raconter ses exploits de la
veille qui, au reste, avaient presque eu
pour unique théâtre les caves du Palais.
Il termina en disant qu'il n'avait plus en
poche que quelques sous et qu'il ne savait
plus comment il allait vivre maintenant.
C'était ressentir sans retard l'embarras
de la victoire.

« Bon, me disais-je, en voici un qui ne
se fait déjà plus d'illusion sur les profits

du succès politique que sur sa nouvelle part de souveraineté. Il n'est pas rassuré sur le vide fait au fond de sa poche. Déjà une dupe de moins. »

Et, dans ma colère intérieure, cette constatation me rafraîchit le sang.

En descendant sur la place Louis XVI, je me sentis soutenir par une main complaisante, qui n'était pas celle du cocher. Qu'on juge de ma confusion en m'apercevant que ce n'était rien moins que mon « vainqueur », de qui je recevais cette politesse, moi, indigne vaincu ! — Il caressait de l'œil mon petit paquet, avec empressement pour me le remettre.

— Si Monsieur voulait, me dit-il enfin en me le présentant à moitié, je lui porterais cela.

— O Fortune ! m'écriai-je au dedans de moi, encore un de tes caprices. Le conquérant qui n'a pas même tiré de ses exploits de la veille de quoi dîner le lendemain, s'efforce, de se procurer ce supplément nécessaire sur une bourse qu'il a contribué, sans le savoir, à rogner lui-même de plus de moitié. Il y avait là de quoi confondre les philosophes.

J'avoue que mon premier mouvement fut de lui prendre des mains mon paquet sans seulement le regarder. — Mais mon indécision tomba d'elle-même. « Ce n'est qu'un pauvre imbécile, pensai-je, ceux dont il a été là dupe se chargeront bien de le punir de sa confiance en eux et de son dévouement à leur cause. — Allons. » Et je marchai devant lui. Il ne se fit pas prier pour me suivre.

Impossible, sur la route et dans Paris, d'ouvrir les yeux sans rencontrer les trois couleurs de la livrée d'Orléans. Le chef de cette honorable race n'était pas encore sorti de cette cachette impénétrable où il s'est acquis des droits si puissants à la plus belle part de la curée révolutionnaire de juillet (1).

____

(1) Le duc d'Orléans avait quitté subrepticement le mercredi, seul à pied, sa résidence de Neuilly, où était restée sa famille pour aller se réfugier dans les bois du Raincy, caché à tous, mais demeurant en communication avec les siens. Les événements se précipitant, il gagna, toujours soigneusement dissimulé, le Palais Royal (jeudi soir) et y fit venir (samedi matin), avec les mêmes précautions, le duc de Mortemart, dans une chambre écartée, lui déclarant avec la plus

— Les barrières, les rues, les boulevards, les quais, les ponts étaient coupés, tous les cent pas, en plus des barricades formées de meubles, de pavés, d'abres ; on rencontrait

---

vive émotion : « Monsieur, Monsieur, dites, jurez au roi Charles X que jamais je n'accepterai la couronne ; non, non, jamais, pour rien au monde. » — Le chancelier Pasquier *(Mémoires.* VI — 299) a raconté longuement cette scène dramatique, qu'il tenait de la bouche même de M. de Mortemart, qui aurait été porteur d'une lettre du duc d'Orléans dont le duc de Valmy *(De la force du droit et du droit de la force)* a fait connaître le texte : « M. de Mortemart dira à Votre Majesté comment on m'a amené ici par force. J'ignore jusqu'à quel point ces gens-là pourront user de violence à mon égard ; mais si dans cet affreux désordre, il arrivait qu'on m'imposât un titre auquel je n'ai jamais aspiré, que V. M. soit persuadée que je ne recevrai toute espèce de pouvoir que temporairement et dans le seul intérêt de notre maison ; j'en prends ici l'engagement formel envers Votre Majesté. — Ma famille partage mes sentiments à cet égard.

« Votre fidèle sujet,

« Louis-Philippe d'Orléans.

« Palais Royal, 31 juillet 1830. »

Voir : NETTEMENT. *Histoire de la Restauration.* VIII. 683.

CRÉTINEAU JOLY. *Histoire de Louis-Philippe d'Orléans et de l'Orléanisme.* II. 435.

encore çà et là des cadavres recouverts de paille, tant bien que mal. En avant de la colonnade du Louvre il y en avait bien une centaine entassés les uns sur les autres qui commençaient à dégager une odeur très forte. On les enterra le soir dans une grande fosse creusée à la place même et qui fut bénie, avec le cérémonial d'usage, par le curé de Saint-Germain-l'Auxerrois (1). Au-dessus furent élevées des croix de toutes grandeurs, au milieu de faisceaux de drapeaux tricolores ; on y plaça une sentinelle avec un tronc pour les familles des dupes tombées là ; près de beaucoup de barricades d'ailleurs se trouvaient déposés de pareils troncs avec des écriteaux portant des invitations semblables, sous la garde d'un bon bourgeois en faction.

Au-dessus de chaque barricade s'élevait un grand drapeau. On en avait attaché un, énorme, sur le nez du Louis XIV de la place des Victoires. Henry IV, au Pont-Neuf, en portait un, dans la main. Pour marcher

____

(1) L'abbé Maguin. — A la même heure, les insurgés pillaient l'archevêché.

paisiblement dans les rues, il fallait avoir une cocarde, au moins un bout de ruban tricolore à la boutonnière. Les rebelles étaient encore tout armés. Les murs disparaissaient sous des affiches de toutes dimen‑sions, généralement sur papier blanc, chacun ayant affecté d'user avec empressement de cet innocent privilège de l'administration sous le gouvernement déchu. — Ce n'étaient que proclamations, ordres du jour, opinions sur le régime à adopter. J'en remarquai une entre autres fort longuement exposée par un apothicaire-voltigeur dans je ne sais quelle légion de la garde nationale. Il concluait à la République. Voilà ce que j'en ai retenu. On lisait encore une foule d'avis enflammés sur la manière la plus favorable de construire des barricades et de combattre les troupes, surtout de ren‑verser les « tyrans ». — Des lambeaux de journaux, des caricatures ignobles s'éta‑laient partout. — Les Tuileries, le Louvre, une foule de maisons près de la place de Grève, dans la rue Saint-Honoré, aux envi‑rons du Palais-Royal portaient des traces nombreuses de balles. — Quelques-unes en paraissaient criblées, comme celle d'un chapelier au coin des rues Richelieu et Saint-Honoré ; plusieurs avaient reçu des boulets ; la marque en demeurait très visible.

Pas une voiture dans les rues, toutes coupées. Cela seul, le silence inaccoutumé qui en résultait donnait à Paris un aspect lugubre et extraordinaire. — Des hommes en bras de chemise montaient la garde aux portes des Tuileries et du jardin. On ne voyait plus que quelques uniformes de la garde, mais tous sans épaulettes, ni aiguillettes, ni armes. Il arriva dans la journée plusieurs fractions de régiments de cavalerie avec le drapeau tricolore. Les houzards de Chartres avaient naturellement été les premiers à prendre ces couleurs ; le nom du régiment lui avait porté malheur. Il était caserné à l'hôtel des gardes, quai d'Orsay (1).

____

(1) Le duc de Chartres, colonel du 1er régiment des hussards, dont son père était colonel général, apprit les événements de Paris le 27 juillet, il était alors à Joigny avec le 3e régiment ; il accourut aussitôt, il fut arrêté aux barrières de Montrouge ; il revint le 3 août à la tête de ses hussards et cette fois fut reçu par le duc d'Orléans à la barrière de Charenton.

Quant à la garde, elle resta fidèle jusqu'à la fin. Les régiments conservèrent leurs drapeaux sans tache jusqu'au moment de la dissolution ; alors ils furent brûlés et les cendres prises par les soldats. Le régiment qui se trouvait à Rouen (1) offrit de concourir avec la garde nationale, qui avait toujours existé dans cette ville, au maintien de l'ordre, à la condition qu'il conserverait la cocarde blanche, ce qui ne fit pas de difficultés ; tant il est vrai que toutes ces petites susceptibilités que l'on représente comme si chatouilleuses dans le peuple, disparaissent aisément en présence d'un danger sérieux et menaçant. On fit plus : on supplia le lieutenant-colonel comte de Dillon d'accepter le commandement général, de sorte que la garde nationale elle-même se remit entre les mains d'un officier de la garde royale, et elle s'en trouva bien.

C'est qu'on était dans un moment de crise générale, de désordre public ; c'est que 30.000 ouvriers rugissaient dans les

____

(1) Le 5e régiment, colonel de Thilorier.

faubourgs et parlaient de porter le pillage dans les quartiers opulents ; c'est que tous les intérêts étaient menacés et que dans ces cas extrêmes les fanfarons ont bientôt cédé à l'instinct de conservation.

Le fait est que c'est en grande partie à la fermeté et surtout à la patience et au sang-froid de la garde que Rouen a conservé pendant ces journées malheureuses un ordre qui ne lui a pas coûté une goutte de sang, malgré les provocations parfois très violentes des agitateurs. — Aussi les principaux habitants adressèrent-ils au comte de Dillon et à sa troupe des remerciements publics et sollicitèrent-ils pour lui un commandement supérieur, au nom de la ville à qui il venait de rendre un si éminent service.

Je pénétrai avec assez de peine dans la cour des Tuileries. Je retrouvai à sa place notre vieux portier quinteux de l'escalier de la chapelle ; je lui demandai les clefs de notre appartement.

« Des clefs ! Monsieur, s'écria-t-il ; il n'y a plus de portes. »

Des tables rompues, des chaises en pièces,

des glaces brisées, le poêle défoncé, les portes de nos armoires hors des gonds et, par terre, au milieu de mille débris, un assortiment complet de tout ce qui compose la garde-robe d'un ouvrier, jetée là, maculée, sale et dégoûtante. Tel était l'aspect qu'offrait notre vestiaire.

Il en allait partout de même. *Sa Majesté* était venue faire toilette aux Tuileries. Je ne retrouvai chez moi que l'étui de voyage de mon chapeau.

Un vieil ami de famille que je courus embrasser en sortant de là, me pria d'aller donner des nouvelles à Monseigneur le Nonce qui était dans la plus complète igno-rance de ce qui s'était passé à Saint-Cloud. Je m'y rendis aussitôt (1), malgré le négligé de mon costume, et satisfit Son Excellence sur tout ce que je savais.

— Imaginez-vous, me dit Monseigneur Lambruschini, que le corps diplomatique n'a rien reçu de Saint-Cloud depuis le commence-ment de cette révolution, absolument rien.

____

(1) La Nonciature était au n° 11 de la rue de la Planche.

N'est-ce pas inexplicable ? Nous sommes convenus de nous communiquer les uns aux autres ce que chacun pourrait apprendre sur ce qui s'y passait ou ce qu'il en recevrait directement. Vous êtes la première personne qui m'en parle sciemment et en témoin oculaire. Ce que vous me racontez va être une nouvelle précieuse pour nous tous.

Son Excellence envoya aussitôt à l'ambassade d'Autriche (1) le récit que je venais de lui faire et me retint à dîner.

---

(1) 107, rue Saint-Dominique Saint-Germain. Les Princes (à Saint-Cloud), les ministres (aux Tuileries) n'avaient donné aucune communication des événements aux ambassadeurs (à Paris) ; et ces derniers, bloqués en fait dans leurs hôtels par l'insurrection, sans nouvelles exactes, n'étant pas appelés auprès du Roi, hésitaient à aller le rejoindre. — Mme de Boigne raconte dans ses *Mémoires* (III) qu'elle influença Pozzo di Borgo, l'ambassadeur de l'Empereur de Russie, pour le faire rester à Paris et le mettre en relations immédiates avec Neuilly et le Palais Royal. — Le corps diplomatique « renonça facilement au projet de départ. Ils l'avaient formé avec le Nonce. Castelcicala (Naples) hésitait. Sir Charles Stuart (Angleterre), s'y opposait. Pozzo, en entraî-

D'après le désir que m'en manifesta Monseigneur le Nonce; j'allai le soir aux *Oiseaux* (1), rue de Sèvres, donner des nouvelles à Mme la vicomtesse d'Agoult (2) qui s'était réfugiée dans ce couvent.

Dans la nuit du dimanche au lundi, il éclata sur Paris un orage épouvantable.

---

nant M. de Werther (Prusse), trancha la question de ce côté. L'argument le plus concluant à faire valoir porta sur ce qu'ils n'avaient pas été appelés par Charles X. L'habileté consiste à parler à chacun le langage qu'il convient. » (p. 413.)

(1) Maison d'éducation dirigée par les religeuses de la congrégation de Notre-Dame, qui a été célèbre pendant tout le XIXe siècle.

(2) Mme d'Agoult, dame d'honneur de la Dauphine, était en ce moment au monastère des Oiseaux pour y faire une retraite.

Cette visite d'Edmond Marc se trouve mentionnée en ces termes dans le manuscrit des *Annales* du couvent :

« Vers onze heures et demie du soir, un terrible coup de sonnette vint augmenter la frayeur. Le guichet fut ouvert. C'était un homme d'affaires de Mme d'Agoult qui venait lui donner des nouvelles de la famille royale. »

La précision du détail confirme bien le récit d'Edmond Marc qui avait eu la précaution de s qualifier de son « homme d'affaires » pour pén trer jusqu'à la dame d'honneur de la Dauphine.]

Les roulements de tonnerre et le bruit des
volets que la violence du vent menaçait
d'arracher des fenêtres, me tinrent longtemps éveillé (1).

----

(1) Edmond Marc était rentré dans son appartement personnel, 10, rue de l'Université.

Puisque nous venons de nous référer aux
Annales, nous y puiserons cette autre citation
relative à cette tempête du dimanche 1er août
1830 : « La nuit qui suivit ces heures d'angoisse,
un orage inouï épouvanta les Parisiens ; le roule-
ment continu de la foudre qui tombait de plusieurs
côtés à la fois dans d'épaisses ténèbres faisait
penser au dernier jour du monde. » — P. DELA-
PORTE. — *Le Monastère des Oiseaux*. p. 161.

Épilogue.

Le matin, en passant sur le Carrousel, je remarquai que le bâton du drapeau tricolore de la statue de bronze de la Restauration qui couronne l'arc de triomphe, était brisé par le milieu, et le drapeau déchiré tombait en lambeaux sur la roue du char. Était-ce un pronostic ?

Plus tard, j'assistai au « mouvement spontané » d'une population indignée de voir s'arrêter trop longtemps sur le sol de la patrie les tyrans qui l'avaient souillé de leur présence, ou, historiquement parlant, je fus témoin de « l'élan sur Rambouillet (1). »

(1) « Dans la nuit du 2 au 3 août, on jugea au Palais Royal qu'un peu de menace ne messiérait point. A la pointe du jour, 500 hommes par légion furent commandés, qui se porteraient sur Rambouillet et contraindraient à partir le

J'en ai connu comme tout le monde l'échec et le succès. Cette pitoyable comédie qui s'appuya sur le mensonge d'un maréchal de France, pressa le départ du Roi qui voulut éviter l'effusion du sang (1). Le 4 août il s'achemina à petites journées vers l'exil entouré des fidèles gardes du corps (2).

vieillard entêté qui se refusait à s'éloigner. Toutes sortes de recrues s'y joignirent : jeunes gens, badauds avides de spectacles, émeutiers de profession et par surcroît quelques bandits. Tous ensemble se précipitèrent hors de Paris, à cheval, en fiacre, en tapissière, en charrette, joyeux et surexcités comme des chasseurs qui partent pour une battue. — On appela cela des citoyens. » — P. DE LA GORCE. *Charles X*, p. 3%4.

(1) Le maréchal marquis Maison, comblé par la Restauration de faveurs dépassant ses mérites, était l'un des trois commissaires envoyés par l'Hôtel de Ville pour pousser Charles X à l'exil. Il affirma que cette troupe de 7 à 8.000 énergumènes se montait à 80.000 hommes : le Roi crut à sa parole et empêcha la résistance de la garde.

(2) Le récit de cette marche digne, mais lugubre qui dura quatorze jours (du 3 au 16 août) de Rambouillet à Cherbourg, a été fait, dans une forme et un esprit analogues aux souvenirs d'Edmond Marc, par un garde du corps également fidèle et témoin lui aussi de ces tristes événements : Théodore Anne, ex-garde de la compagnie de Noailles. — Paris 7 octobre 1830.

Quatre jours après, le fils de Philippe Égalité devenait « roi des Français ». La Maison du Roi n'existait plus. Tous nos serments tombaient mais demeuraient dans nos cœurs.

Le bruit du passage définitif de nos Princes en Allemagne s'accréditant de plus en plus, je fis changer « Londres », première direction de mon passeport, par : « Vienne » où m'avait précédé un de mes bons amis, Arnaud de la Porte.

Un député de la Seine-Inférieure, mon parent, M. Maille (l'un des 221) (1) m'avait écrit aussitôt après la Révolution pour m'offrir ses services. Il m'engageait à me « rattacher à un ordre de choses qui venait de porter le dernier coup au régime du bon plaisir et qui allait commencer pour la France une ère de véritable liberté ». — « Je suis l'ami particulier, continuait-il, des membres du gouvernement provisoire ; tout

____

(1) Eugène Dominique Maille (1771-1840) jouissait d'une grande influence dans sa ville natale. Député de 1827 à 1834 ; il fut même renommé en même temps (1831) à Rouen et à Dieppe. Il adhéra silencieusement à la monarchie de juillet.

va être changé; le duc d'Orléans va monter sur le trône. Désignez-moi un poste qui vous dédommage de celui que vous avez perdu et je me charge de vous l'obtenir. » Il terminait par ces lignes : « J'ai reçu votre lettre à la Chambre, je l'ai aussitôt communiquée au nouveau préfet de police (1) qui m'a dit que vous pouviez revenir à Paris sans crainte d'être compromis; que vous n'aviez qu'à vous recommander de lui; qu'enfin il vous offre un lit à la préfecture et un couvert à sa table. »

— C'est par affection, lui répondis-je, et par dévouement que je suis entré au service du Roi; c'est parce qu'il était le roi légitime de France, et ensuite parce qu'il était bon et loyal. Je me déshonorerais donc à mes propres yeux si je me mettais dans la dépendance quelconque du Prince félon, mauvais parent et sujet infidèle qui se prépare à usurper sa couronne. Je vous remercie. Je pars pour Vienne dans huit jours. »

Je n'ai pas besoin d'ajouter que je ne

____

(1) Gisquet.

profitai pas des offres du préfet de police
de la Révolution.

DÉPART DE FRANCE

Dans la profusion et la confusion d'affiches
qui tapissaient les murs de Paris, j'en avais
lu une émanée du gouvernement, qui offrait
du service à tous les officiers de l'Empire
qui n'en avaient pas repris sous la Restauration. On les évaluait à 25 ou 30.000.
J'avais lu celle-là avec la même indifférence que toutes les autres ; mais une circonstance de mon voyage (1) me la rappela
assez singulièrement.

------

(1) Il avait repris son premier dessein de se
rendre à Vienne et c'est en Autriche, en effet, qu'il
se dirigea pour se mettre au service du Roi.
— Dans l'intervalle, il avait quitté Paris et
rejoint son frère aîné Amédée, substitut du procureur du Roi au Tribunal de Mantes, qui venait
de donner sa démission. Tous deux se refugièrent
avec leur ami, M. de Ronseray, procureur du Roi
à Mantes, au château de Nagel, près d'Evreux,
chez Mme Marc, leur belle-mère, et y demeu-
rèrent plusieurs semaines.

Je quittai Paris vers le milieu de septembre. Il y avait avec moi, dans l'intérieur de la diligence de Metz, trois hommes qui commencèrent par faire chorus sur les immortelles journées, les héros de juillet, les glorieuses barricades, la fin du pouvoir absolu, l'extermination des Jésuites. Les bonnes gens qu'ils étaient ! Mais à cet hymne de louanges succédèrent de gros soupirs, traduits bientôt en malédictions très énergiques adressées à la « meilleure des Républiques » de Gilles le Grand (1). Il fallait entendre tous les reproches dont ils la chargeaient. Ils commençaient à se douter qu'une royauté, fût-elle citoyenne, pouvait difficilement être une république. L'un d'eux surtout ne cessait de répéter avec un accent de rage : « Nous n'avons fait que la moitié de la besogne. Ah ! si c'était à recommencer ! »

Je jouissais singulièrement, sans y mêler un mot, de cette curieuse conversation

____

(1) C'est ainsi que La Fayette avait appelé la monarchie de Louis Philippe. Dès 1789, le quolibet de « Gilles Cesar », « Gilles le Grand », avait été donné en sobriquet à M. le marquis de La Fayette, convaincu de vanité niaise.

toute palpitante de mystification et de désappointement. Elle faillit avoir une issue tragique.

Ces messieurs, deux au moins, furent naturellement amenés à raconter une partie de leur histoire et les motifs de leur voyage à Paris. Le premier qui paraissait le plus à son aise et le plus modéré, avait été chargé, sous Napoléon, d'un service de poste militaire en Hollande, depuis il s'était retiré près de Metz, dans une terre où il avait une bonne chasse et vivait, en *gentilhomme campagnard*, au milieu de ses bois, de ses chiens et d'amis qui lui faisaient, de Metz, de fréquentes visites. Il était allé à Paris solliciter la place de directeur d'une poste voisine, qui lui convenait. Mais il était bien clair qu'il ne rapportait de son voyage qu'un bel et bon échantillon d'eau bénite de cour bourgeoise, qui me parut de la même fabrique que toutes les autres. Il prenait d'ailleurs son parti d'assez bonne grâce.

Le second, bel homme, encore vert, à la figure ouverte et à l'air militaire, avait servi sous Napoléon. Il avait eu la simplicité de se laisser prendre au leurre de la petite affiche en question ; il s'était à peine donné le temps de boucler son portemanteau et était accouru à Paris, avec le seul embarras de se fixer sur l'arme dans laquelle il accepterait les épaulettes. Mais on lui avait épargné, dès son arrivée, la peine de prendre un parti définitif, en le remerciant assez lestement et en lui remettant une espèce de feuille de route, qui équivalait très clairement à un ordre de retourner dans ses foyers, méditer sur la solidité des promesses libérales. Il paraissait déjà avoir beaucoup profité de ces réflexions.

Une physionomie commune, quelque chose de faux et de méchant dans le regard, distinguait le troisième des deux autres. Tout le soin qu'il se donnait pour dissimuler la cause réelle de son dépit, ne faisait que le trahir davantage. Evidemment, lui aussi, avait été mystifié. Mais comment ? C'est sur quoi il ne paraissait pas pressé de s'expliquer.

Cependant, l'œil exercé du second individu dont j'ai parlé, avait de suite reconnu en lui un ancien militaire.

— Vous avez aussi servi sous l'Empire, lui disait-il .

— Oui, répondit l'autre. J'étais capitaine à tel régiment.

— Vous avez, sans doute, reçu le même accueil que moi, de ces j... f... de la guerre ?

— Moi ? pourquoi donc ? Je ne leur ai rien demandé.

— Ah ? ce n'est pas pour rentrer dans l'armée que vous êtes allé à Paris ?

— Du tout, je suis allé terminer quelques affaires qui me restaient à régler avec les parents de ma femme. J'en ai profité pour me promener un peu, et quand j'en ai eu assez, j'ai repris la diligence.

Tout fut dit.

Plus tard, le même sujet revenu sur le tapis amena une discussion sur ces feuilles de route dont j'ai parlé et l'officier se plaignit de ce que les frais de voyage n'étaient acquittés par le gouvernement que pour le *retour*.

L'ex-capitaine prétendit qu'ils l'étaient aussi pour l'aller.

Je ne sais si l'officier qui n'avait pas paru ajouter beaucoup de foi aux premières dénégations de l'autre, fit exprès, pour le convaincre de mensonge par ses propres aveux, mais il soutint son opinion si vivement et dans des termes si absolus, que son interlocuteur, poussé à bout, tira de sa poche son dernier argument, sa propre feuille de route, sur laquelle il était fait mention de cette indemnité.

— Ah ! s'écria l'officier, en saisissant la feuille avec colère, vous n'avez même pas songé à redemander du service. Vous venez donc de mentir impudemment devant nous tous, et maintenant, vous avez la maladresse de nous en fournir vous-même les preuves.

L'ex-capitaine répondit comme un misérable auquel on vient d'arracher son masque et non comme un homme d'honneur qui reçoit un affront.

— Taisez-vous ! lui dit l'autre avec une indignation toujours croissante, et en portant alternativement les yeux sur lui et sur le nom inscrit dans la feuille de route. Taisez-vous ! parce que maintenant je pourrais vous en dire plus que vous n'en voudriez entendre.

— Je ne comprends rien à ce langage, monsieur, je ne suis pas fait pour le souffrir... D'ailleurs je ne vous connais pas.

— En êtes-vous bien sûr? Regardez-moi bien et rappelez-vous par quelle porte vous êtes sorti un jour d'un café de Verdun. Si cela ne vous suffit pas, nous y serons demain matin. Je m'y arrête; faites-en autant; et je vous donnerai là des explications plus positives.

De ce moment, le pauvre ex-capitaine qui avait jusque-là beaucoup parlé, tranchant de tout et sur tout, devint muet comme un poisson. A Verdun, il resta seul dans la voiture, pendant que nous entrions dans ce fatal café. Je compris d'autant mieux le motif de cette sage discrétion, que j'entendis alors l'officier raconter sa querelle à la maîtresse de l'établissement, en lui rappelant un habitué, ancien militaire que lui et quelques camarades avaient mis un jour à la porte, pour sa *trop heureuse adresse* aux cartes.

Et sans mot dire de plus, le voyage continua.

Arrivé à Metz, je me mis à la table d'hôte

avec le solliciteur de la direction des postes. Il y avait avec nous une quinzaine de convives dont plusieurs officiers d'artillerie. Je n'ai pas besoin de dire qu'il ne fut parlé que politique.

Je me soumis d'abord à la loi que je m'étais faite sur la route de ne pas prendre part à ces discussions parce que ma situation d'officier de la Chambre du Roi m'imposait des réserves spéciales, un juste respect particulier pour Sa Majesté et les princes, que j'avais servis, une déférence pour les ministres que j'avais connus et fréquentés. Blessé comme je l'étais au fond du cœur par tout ce qui s'était passé depuis deux mois, je sentais que je ne pourrais en discuter avec mesure. Cependant, il me sembla entendre des absurdités si révoltantes que garder plus longtemps le silence me parut une sorte de lâcheté et je commençai l'attaque, ou plutôt la défense, c'est-à-dire la justification ouverte des Ordonnances, et de tout ce qui s'en était suivi, déplorant un triomphe qu'on prenait pour celui de la liberté et qui n'était que celui d'un complot misérable et d'une abominable ambition.

Toute la table, à la seule exception de mon compagnon de voyage qui me faisait des signes et tâchait d'amener la conversation sur un autre sujet, se tourna contre le seul contradicteur qui se fut encore présenté. Il me fallut bientôt crier si fort et répondre à tant de gens excités à la fois, que peu à peu ma voix s'éteignit dans un enrouement complet, et que je ne pouvais plus me faire entendre.

Je me levai alors, hors de moi, en protestant que je ne quittais la place que parce que mon gosier desséché me refusait le service.

Mon ex-directeur des postes me suivit; et me prenant par le bras, avec affection il me dit :

— Voyez, monsieur, ce que vous avez gagné à cette discussion. Vous voilà dans un état pitoyable et vous n'avez rangé personne à votre manière de voir.

— Et que m'importe, lui répondis-je avec humeur; c'est le sort de la vérité d'avoir toujours contre elle le plus grand nombre; faut-il pour cela avoir peur de la dire? Croyez-vous me donner une bonne idée de votre nouvelle liberté en m'interdisant l'expression de mon opinion?

— Je vois, monsieur, que vos convictions sont vives et vos souvenirs récents. Vous êtes encore trop aigri pour m'entendre. Je ne fais que vous exprimer mon regret de vous avoir vu soutenir cette opinion avec une chaleur inutile et une ardeur peut-être imprudente dans les circonstances actuelles. Pour convaincre...

— Je ne prétends convaincre personne, continuai-je ; mais je veux rester l'honnête homme et le serviteur loyal qui est aussi un témoin digne de foi. Je réclame dans toute discussion politique une place libre pour toutes les convictions sincères, quelles qu'elles soient.

— Ah ! reprit l'autre, ce n'est pas que je ne me rapproche beaucoup plus de vos idées que de celles de ces messieurs. J'ai connu les bienfaits de la Monarchie. Que nous réservent tous les jours qui viennent ? Déjà il règne une détresse dans le pays. Il y a entre nous, monsieur, plus de sympathies que vous ne croyez. Je regrette les Bourbons peut-être autant que vous. J'ai fait des vœux sincères pour le triomphe de leur cause. Mais, aujourd'hui, que voulez-vous faire ?

— Protester contre la violation de toutes les lois au nom de la loi ; contre les hypocrites et les lâches qui profitent de la victoire brutale sans avoir partagé, d'ailleurs, les dangers du combat ; contre les parjures, les traîtres, contre les usurpateurs ; et, ne serait-ce que par amour-propre, prouver qu'on n'a pas été la dupe d'une bande d'histrions.

— Idées généreuses de jeune homme, me répondit-il, en me frappant sur l'épaule, mais sans écho dans un temps d'égoïsme et de rouerie.

— Ne dites-vous pas qu'elles sont généreuses ? Cela me suffit, et je les garde.

Nous échangeâmes une poignée de mains et nous nous séparâmes.

Je partis le lendemain matin pour Francfort ; de là pour Vienne.

APPENDICES

I

Maison civile du Roi (1830).

Grand chambellan.

Prince de Talleyrand.

Premiers gentilshommes de la chambre.

Duc de Duras. Duc de Maillé.
Duc de Blacas. Duc d'Aumont.

Premiers chambellans.

Comte de Pradel. Marquis de Verac.
Duc d'Avaray. Marquis de Boisgelin.

Les gentilshommes ordinaires de la chambre.
(Trimestre de juillet).

Gentil. Chevalier Adolphe de
Chevalier de Guerny. Milly.

Premiers valets de chambre.

Chevalier de Chamilly. Baron Hue.
Baron de Peronnet. Baron Bourlet de Saint-
Vicomte Thierry de Aubin.
  Ville d'Avray.

Valets de chambre.

Guenau.
Prieur.
De la Cornilière.
De Basire.
Cernay de Boucheman.
Fievet.
Fouques - Duparc - Du-
coudray.

De la Grange.
De Lafosse.
Piel des Ruisseaux.
Vialet.
De Bertheville.
De Guibert.
Bailly de Barberey.

Huissiers officiers de la chambre.

Lemoine.
De Selancy.
De Glatigny.
Bontemps-Bousquet.
Martin des Fontaines.
Damesme de Maison-
neuve.
Chevalier Bazin.
De Bertheville.
De Berchapoix.

Grau de Saint-Vincent.
Alavoine.
De Labadye.
Blanchard.
De Caldavène.
Malivoire.
Edmond Marc.
De Montrichard.
De Lacroix.

Valets de chambre ordinaires.

Basset.
Le Gros.

Moors.

(ALMANACH ROYAL, 1830.)

II

Plan du Château de Saint-Cloud.
(Juillet 1930.)

Premier étage, aile droite et partie de la façade.

1. Cabinet particulier du Roi.
2. Chambre du Roi.
3. Cabinet du Conseil. Bibliothèque.
4. Salon de garde du Conseil.
5. Salle à manger.
6. Escalier de M. le Dauphin.
7. Vestibules.
8. Antichambre de M. le Dauphin.
9. Appartements de M. le Dauphin.
10. Salle des gardes du corps.
11. Grands appartements.
12. Cour intérieure.
13. Perron de l'escalier de M. le Dauphin.
14. Pièce d'eau des cygnes.
15. Avenue de la grille de Ville-d'Avray.
16. Parc particulier du Roi.
17. 18. Haies.
19. Grand parc.

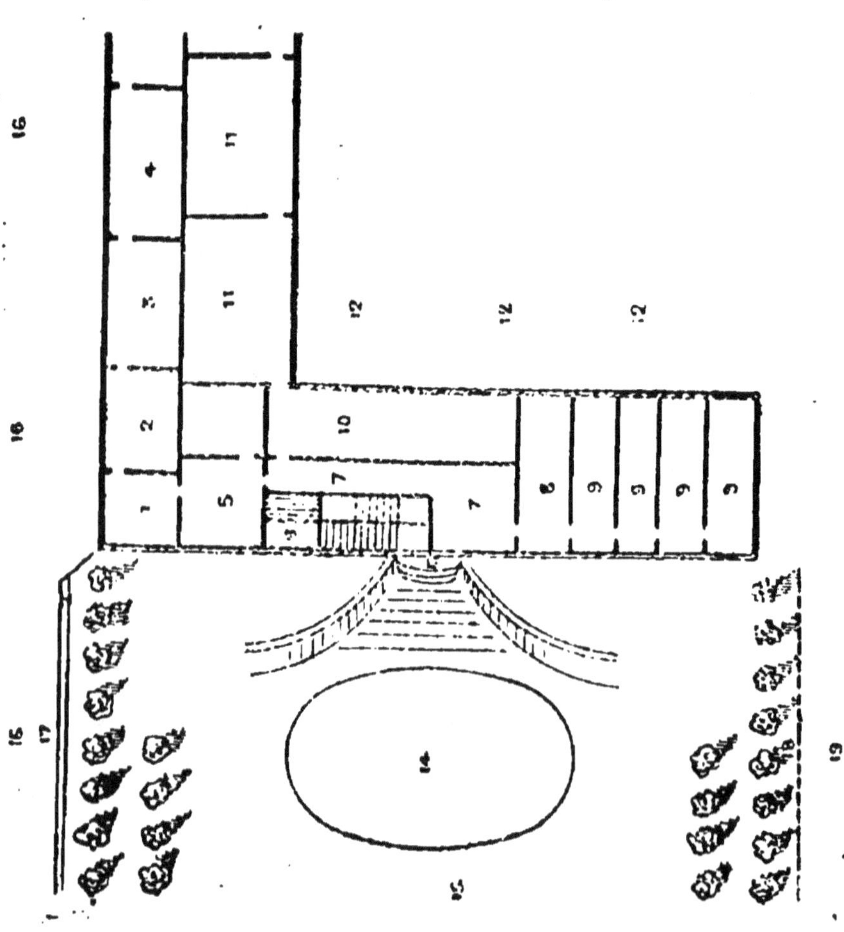

III

La soirée du 28 juillet à Saint-Cloud.

Cette soirée du 28 juillet 1830, par le contraste de sa douceur dans le parc de Saint-Cloud, et de la lutte sanglante qui se poursuivait à Paris, a frappé les bons esprits. Dans ses *Mémoires*, le chancelier Pasquier a relaté d'après un témoin « dans lequel il a la plus entière confiance », des impressions identiques à celle qu'exprime Edmond Marc. Nous les reproduisons ici ; les récits se complètent :

« Arrivé à Saint-Cloud entre 9 et 11 heures du soir, ce que j'éprouvais en entrant dans la cour du château est impossible à décrire ; Il était éclairé comme à l'ordinaire ; pas un garde de plus, pas un garde de moins : les fenêtres des salons ouvertes, quelques personnes s'approchaient des balcons, écoutant, puis se retirant sans rien de précipité dans la démarche comme des gens qui viennent respirer la fraîcheur de la soirée, après une journée d'une brûlante chaleur. Cependant les fusillades ne cessaient de se faire entendre dans la direction de Paris. Que dis-je ? Elles redoublaient et parfois venait s'y mêler le lugubre son du tocsin. Je m'arrêtai un moment sous le péristyle du palais. Des valets couchés sur des banquettes causaient négligemment des combats de Paris. « On tire encore ; ah, voilà le tocsin ; la fusillade redouble ; le peuple va marcher sur Saint-Cloud », Tout cela dit de ce ton d'indifférence qu'on n'apprend à affecter avec une telle perfection que dans l'atmosphère qui enveloppe une Cour. De cette antichambre, je montai dans le salon de service où je trouvai un officier des gardes qui me mit au courant de tout ce qu'on savait de Paris, et il était bien informé : « Et le Roi, lui dis-je, que fait-il ? — Il joue au whist. — Et le Dauphin ? — Il fait sa partie d'échecs. — Eh quoi, pas un ordre donné autour de ce palais, pas une précaution ? — Rien, absolument rien ? » — Je me décidai alors à entrer dans le salon ; j'avançai lentement vers la partie du Roi et je vis

clairement dans son regard que tout nouveau venu, s'il n'était pas dans la confi-
dence intime, l'importunait sensiblement ;
aucune parole ne lui échappa que sur le jeu.
M. le Dauphin paraissait aussi attaché
à sa partie d'échecs. Avant d'aller à lui,
je me sentis le besoin de prendre l'air et
je m'approchai d'une fenêtre avec l'un
des personnages qui étaient en ce moment
de service auprès du Roi. Nous écoutâmes
ensemble les décharges ; la fenêtre laissée
fermée était ébranlée de temps en temps
par le bruit qu'elles occasionnaient, ce bruit
ne sembla étonner personne ; pas une
question, pas un témoignage d'inquiétude
ou de pitié. M'étant approché du Dauphin,
il me fit une inclinaison de tête sans m'adresser la parole. Au bout de quelques instants,
n'y pouvant plus tenir, je sortis de ce salon.
Une fois réuni, dans la pièce précédente,
à quelques serviteurs dévoués et désespérés,
je reconnus bien que l'horrible vérité était
parfaitement établie à leurs yeux, que nul
ne doutait qu'on ne touchât à la plus
épouvantable catastrophe. Les nouvelles
arrivaient secrètement de moment en

moment, toujours plus alarmantes, mais elles ne franchissaient pas le seuil du salon royal. Le duc de Duras sortait, rentrait, s'agitait auprès de nous, mais en approchant de la table de whist, il reprenait son attitude silencieuse. Le cœur navré, je pris enfin le parti d'aller joindre au dehors du palais quelques officiers, avec lesquels j'étais décidé à attendre la journée du lendemain, et bientôt après, en tournant mes regards sur le château, je vis que tout s'y préparait pour le repos de la nuit, toutes les lumières disparaissaient. Je voyais les valets aller de chambre en chambre, soigneux de tout éteindre. On s'apprêtait à dormir, sans doute on y réussit. »

« Un tel tableau ne peut s'inventer, ajoute le duc Pasquier ; il faut l'avoir vu pour le peindre d'une manière aussi saisissante. »

(*Histoire de mon temps*. MÉMOIRES du chancelier Pasquier, VI, 260.)

INDEX ALPHABÉTIQUE

TABLE DES MATIÈRES

ORLÉANS — IMPRIMERIE ORLÉANAISE. — 4-7-1930.